道路车辆清障救援装备安全使用指南

张国胜　编著

人民交通出版社

北京

内 容 提 要

本书主要内容包括道路车辆清障救援行业概况、汽车基础理论知识、道路车辆清障救援装备基础知识等道路车辆清障救援从业人员通用的、应知应会的基础知识,以及道路车辆清障救援操作基础与操作规范等,是"十一五""十二五"国家科技支撑计划课题与"十三五"国家重点研发计划课题的推广应用。

本书为道路车辆清障救援从业人员业务技能提升培训教材,也可作为其他相关人员专业素养提升的知识读本。本书既可用于相关人员上岗培训,也可作为职业院校相关专业的教材。

图书在版编目(CIP)数据

道路车辆清障救援装备安全使用指南 / 张国胜编著. — 北京:人民交通出版社股份有限公司, 2024.4
ISBN 978-7-114-19500-6

Ⅰ.①道… Ⅱ.①张… Ⅲ.①公路运输—交通运输事故—救援—装备—指南 Ⅳ.①U491.31-62

中国国家版本馆CIP数据核字(2024)第079821号

Daolu Cheliang Qingzhang Jiuyuan Zhuangbei Anquan Shiyong Zhinan

书　　　名:	道路车辆清障救援装备安全使用指南
著 作 者:	张国胜
责任编辑:	杨丽改
责任校对:	孙国靖　宋佳时
责任印制:	刘高彤
出版发行:	人民交通出版社
地　　　址:	(100011)北京市朝阳区安定门外外馆斜街3号
网　　　址:	http://www.ccpcl.com.cn
销售电话:	(010)59757973
总 经 销:	人民交通出版社发行部
经　　　销:	各地新华书店
印　　　刷:	北京印匠彩色印刷有限公司
开　　　本:	787×1092　1/16
印　　　张:	10.25
字　　　数:	218千
版　　　次:	2024年4月　第1版
印　　　次:	2024年4月　第1次印刷
书　　　号:	ISBN 978-7-114-19500-6
定　　　价:	56.00元

(有印刷、装订质量问题的图书由本社负责调换)

本书编写组

组　　长：张国胜

副 组 长：周　炜　郎玉勤

参编人员：杜林森　周淑文　秦　箫　任春晓　高　卓　姜慧夫
　　　　　李　帅　刘宏利　张家兴　王春晖　吴初娜　李　臣
　　　　　张文丹　车霄宇　曹晋阳　黄李原　熊柏松　刘子聿

顾　　问：龚立民

前言 PREFACE

随着我国社会经济的快速发展和公众出行需求的不断增长，公路通车总里程和机动车保有量持续增加，机动车在途故障、交通事故数量随之增加，特别是重大节假日高速公路交通流量明显上升，交通拥堵和事故风险加大，这对道路车辆清障救援工作水平提出了更高的要求。为提升道路车辆清障救援工作的安全水平，使相关从业人员系统快捷地掌握道路车辆清障救援装备基础知识、专业知识以及安全操作方面的知识，在交通运输部公路局和运输服务司的指导下，我们组织编写了《道路车辆清障救援装备安全使用指南》一书。

本书共六章。第一章阐述道路车辆清障救援行业在国民经济中的地位、发展历程，道路车辆清障救援的任务、特点及工作程序。第二章阐述汽车的分类、构造及原理。第三章阐述清障车的发展历程、分类、总体构造、原理及维护，以及专用作业装置与作业附件的结构形式和功能。第四章阐述平板型清障车、托吊型清障车、皮卡式清障车、汽车起重机以及叉车的分类、基本结构。第五章阐述专用作业装置与常用作业附件的操作规程、清障车拖运、起吊、扶正、牵引等基本操作规范，以及清障救援安全作业原则。第六章阐述道路交通事故表现形式及分类，道路车辆清障救援操作规范，客车侧翻事故扶正救援方法。附录整理了道路车辆清障救援从业人员专业技能培训大纲。

本书在编写过程中，得到了中国公路学会道路救援分会、运输车辆运行安全技术交通运输行业重点实验室、东北大学、公安部道路交通安全研究中心、人民交通出版社、江苏中汽高科股份有限公司等单位和相关领域专家的大力支持和帮助,在此一并表示感谢。由于编者能力和水平有限,编写中难免存在疏漏之处,敬请广大读者提出宝贵意见和建议。

张国胜

2024 年 3 月

编写说明
INTRODUCTION

一、道路车辆清障救援行业发展需求

道路车辆清障救援作为公路交通安全保障失效情况下的一种补救方式，其技术水平高低直接影响着能否最大限度地降低公路交通突发事件的伤害程度，以及是否能快速恢复道路畅通。目前，我国道路车辆清障救援装备在道路运输应急救援领域，功能需求逐渐明晰、救援经验得到丰富、装备保障体系得到重视，但是我国道路车辆清障救援行业起步时间晚，离专业化、职业化发展的道路仍有较大差距。随着近年来道路车辆清障救援服务市场的快速发展，道路车辆清障救援从业人员亟需系统全面的专业培训教材，提升其履职能力及服务品质，规范其操作行为，全面提升救援服务单位的管理水平，促进行业向高度专业化发展，进而提高公路交通安全应急保障能力。

道路车辆清障救援目的在于控制、减轻和消除道路交通突发事件引发的危害，最大限度地降低事故的伤害程度，尤其是降低"二次事故"发生率，快速恢复道路畅通。基于此，道路车辆清障救援从业人员应掌握相关法律法规、标准规范等基础知识，汽车与清障救援装备的结构、原理与维护等专业知识，规范化操作、实战性经验等应用技能，以引导和促进我国道路车辆清障救援行业规范发展，促进道路车辆清障救援服务单位标准化、规范化管理，构建规范有序、成熟稳健的清障救援秩序，更好地服务公众出行。

二、本书主要内容

本书主要讲述道路车辆清障救援从业人员通用的、应知应会的基础知识和专业知识，主要内容包括：

（1）道路车辆清障救援行业在国民经济发展中的地位、发展历程以及清障救援任务、特点及工作程序。

（2）道路车辆清障救援作业对象（汽车）的分类、基本构造及主要车型技术参数，汽车行驶基本原理知识。

（3）道路车辆清障救援装备的分类与功能、基本构造、工作原理，专用作业装置及作业附件的功能及具体结构，以及清障车维护技术。

（4）平板型清障车、托吊型清障车、皮卡式清障车、汽车起重机以及叉车等常用道路车辆清障救援装备的基本结构及工作原理。

（5）专用作业装置与常用作业附件的操作规程，拖运、起吊、扶正、牵引等清障救援的基本操作要求和清障救援安全作业原则。

（6）道路交通事故表现形式及分类，道路车辆清障救援服务操作规范，清障救援示例讲解。

目录 CONTENTS

第一章　概述……………………………………………………………………1
　　第一节　道路车辆清障救援行业在国民经济中的地位……………………3
　　第二节　道路车辆清障救援行业的发展历程………………………………4
　　第三节　道路车辆清障救援的任务、特点及工作程序……………………9

第二章　汽车基础理论知识……………………………………………………13
　　第一节　汽车分类及号牌规定………………………………………………15
　　第二节　汽车总体构造及技术参数…………………………………………23
　　第三节　汽车行驶基本原理…………………………………………………40

第三章　道路车辆清障救援装备基础知识……………………………………43
　　第一节　清障车概述…………………………………………………………45
　　第二节　清障车分类及功能…………………………………………………46
　　第三节　清障车总体构造及技术参数………………………………………52
　　第四节　清障作业基本原理…………………………………………………56
　　第五节　专用作业装置………………………………………………………57
　　第六节　作业附件……………………………………………………………64
　　第七节　清障车维护…………………………………………………………72

第四章　常用道路车辆清障救援装备　85
　第一节　平板型清障车　87
　第二节　托吊型清障车　91
　第三节　皮卡式清障车　94
　第四节　汽车起重机　97
　第五节　叉车　100

第五章　道路车辆清障救援装备操作基础　105
　第一节　专用作业装置操作　107
　第二节　常用作业附件操作　115
　第三节　清障救援工作的基本操作　123
　第四节　清障救援安全作业原则　128

第六章　道路车辆清障救援服务操作规范　131
　第一节　交通事故表现形式及分类　133
　第二节　清障救援服务操作规范　135
　第三节　客车侧翻事故救援示例　140

附录　道路车辆清障救援从业人员专业技能培训大纲　145

参考文献　150

第一章

概　述

本章主要讲述道路车辆清障救援行业在国民经济中的地位、发展历程以及清障救援任务、特点及工作程序。在此基础上，阐述道路车辆清障救援行业发展的新方法、新模式、新经验。

道路车辆清障救援服务是保障公路交通安全畅通的重要组成部分，在国民经济发展中起到了重要的作用。道路车辆清障救援从业人员应当紧跟时代步伐，提高专业技能水平，深耕新质生产力的优质土壤，为高质量发展创效赋能。

第一节　道路车辆清障救援行业在国民经济中的地位

一　道路车辆清障救援的必要性

道路车辆清障救援行业在国民经济中的地位十分重要且不可或缺，它与交通运输业、公共安全服务以及社会保障体系紧密相关。随着我国社会经济的快速发展和人民群众出行需求的不断增长，公路通车总里程和机动车保有量持续增加，道路运输业得到了快速发展。据公安部统计，近年来我国机动车保有量年均递增 1500 万辆，驾驶人员数量年均递增 2000 万人，公路通车里程年均递增 12 万 km，使得道路车辆清障救援服务需求旺盛成为必然趋势。

车辆在为人民群众提供方便、舒适、快捷的出行服务的同时，难免在途发生故障或遇到突发事故。如果不能快速、及时地提供道路车辆清障救援服务，往往会导致长时间的交通拥堵或交通阻断，尤其是高速公路、城市快速路上车辆密集度高、行驶速度快，行车环境复杂，甚至会发生诸如连环撞车、环境污染等二次事故，严重威胁人民群众的生命和财产安全。

如今，我国早已步入了汽车社会，截至 2023 年底，全国机动车保有量达 4.35 亿辆，其中汽车保有量达 3.36 亿辆，新能源汽车保有量达 2041 万辆。在享受汽车带来便利的同时，汽车在途故障、突发事故成为影响国民经济发展的社会问题。据统计，我国年发生救援需求的车辆数占保有量的 9%~10%。近年来，高速公路上重特大道路交通事故时有发生，给人民群众的生命和财产造成了严重伤害和巨大损失。例如，2019 年 7 月 10 日，北京市朝阳区北五环主路来广营桥上西向东方向，发生一起油罐车侧翻的交通事故（图 1-1），车内汽油发生遗撒，导致道路封闭达 8h 之久，严重影响了道路通行能力，造成了恶劣的社会影响；2022 年 12 月 28 日，河南省郑州市郑新黄河大桥突发团雾，200 多辆车连环相撞，造成双向交通堵塞，桥面结冰，清障救援较为困难，郑新黄河大桥封闭近 8h。因此，道路车辆清障救援服务在国民经济发展中的重要性愈加显著，已引起社会各界人士和政府有关部门的高度重视，成为构建和谐社会的迫切需要。

图 1-1　北京北五环 "7·10" 油罐车侧翻事故

二　道路车辆清障救援的涵义、地位和作用

道路车辆清障救援服务是使用清障救援装备将故障无法行驶的车辆或者事故车辆从事发地点（公路路面、路基、路基以下等地方）拖离至指定地点（如维修企业或停车场地）的过程，是给驾驶人员和车

辆提供的帮助和救援服务，也是保障道路交通安全畅通的有效办法。

道路车辆清障救援服务的目的在于及时清理影响车辆在道路上正常行驶的交通障碍以及不安全因素，给驾乘人员提供安全、快捷、舒适、畅通的行车环境，在综合交通运输体系中具有重要的地位与作用。

1 保障道路交通安全

道路车辆清障救援服务是确保道路交通顺畅和行车安全的重要环节。及时有效地清除故障车辆、事故车辆或其他障碍物，能够防止二次事故发生，降低交通拥堵，维护道路秩序，对道路交通安全起到关键作用。

2 支持交通运输效率

随着我国公路网尤其是高速公路网络的发展，道路车辆清障救援服务对于保持交通线路畅通无阻至关重要，直接影响到物流运输效率和经济运行速度，对国民经济流通环节具有显著的支撑效应。

3 联动产业链上下游

道路车辆清障救援服务不仅直接关联汽车维护、保险理赔等相关行业，还间接影响到旅游、货运、商务活动等众多领域，对产业链上下游产生深远影响。

4 肩负社会公共安全责任

作为公共服务的重要组成部分，道路车辆清障救援服务承担着社会公共安全和应急救援的责任，肩负着防范化解重大安全风险、及时应对处置各类灾害事故的重要职责，对政府治理和社会稳定有着积极贡献。

5 提升经济效益与社会效益

道路车辆清障救援行业的健康发展有助于提高国家整体应急响应能力，同时通过提供专业高效的车辆清障救援服务，提升路网通行能力，从而为高速公路经营管理单位带来经济效益，实现经济效益和社会效益的双重提升。

综上所述，道路车辆清障救援服务不仅维护了道路交通秩序，保障了人民群众的生命财产安全，也是整个社会公共服务体系中的重要组成部分，对于提高国家交通运输效率和社会治理能力具有重要意义。

第二节 道路车辆清障救援行业的发展历程

随着我国公路网日渐形成和交通量日益增加，特别是从1984年沈（沈阳）大（大连）高速公路开工建设，到2023年底高速公路通车里程达18.4万km，我国的高速公路经历了从无到有、从"两纵三横"到"五纵七横"主骨架的发展历程。

道路车辆清障救援服务对于保障公路交通的安全畅通具有重要作用，是道路运输服务不可或缺的关键环节。我国道路车辆清障救援服务历经20余年的积极探索与实践，积累了大量的宝贵经验。道路车辆清障救援行业发展主要经历了三个阶段。

一 第一阶段：起步探索阶段（2010年以前）

在1949年新中国成立之初，我国的公路里程仅约为8万km。在计划经济时期，道路车辆清障救援以汽车运输公司、汽车维修企业自主开展车辆救援为主。我国国营汽车运输公司和厂矿单位均由各自的维修企业提供汽车救援服务，其他社会自用车的救援大多依托维修企业进行。此时的道路车辆清障救援服务不成规模，仍属于运输企业自救模式。随着改革开放的发展，汽车运输企业改组、改制，运输车辆大规模私有化，同时轿车快速进入家庭，带动了社会化的车辆救援服务发展。

1988年是我国内地高速公路的"元年"。1988年10月31日，全长20.5km（达到高速公路标准的路段长15.9km）的沪（上海）嘉（嘉定）高速公路一期工程通车；1988年11月4日，辽宁沈大高速公路沈阳至鞍山和大连至三十里堡两段共131km建成通车。截至1988年底，我国内地高速公路总里程达到147km，高速公路实现了零的突破，彻底结束了我国内地没有高速公路的历史。

1992年，国务院办公厅印发了《关于交通部门在道路上设置检查站及高速公路管理问题的通知》（国办发〔1992〕16号），规定"各地对高速公路管理的组织机构形式，由省、自治区、直辖市人民政府根据当地实际情况确定，暂不作全国统一规定"。在起步探索阶段，部分地区的高速公路车辆救援服务主体不明确，救援服务与收费行为不规范，一些执法单位违规将高速公路车辆救援指定给社会救援机构实施并收取高额费用，加重了车主负担，社会反映强烈。

随着改革开放的深入，我国居民生活水平显著提高，城镇化发展持续推进，私家车的新增量及保有量逐步攀升，与民生相关的道路运输车辆持续增加，催生了巨大的道路清障救援市场需求。为解决机动车在途故障、事故车辆救援难的社会需求，自1995年起，部分省会城市、中心城市相

继开展了机动车维修救援，河北、辽宁以及四川等省份组建了由政府或协会牵头的机动车维修救援网络。上海建立了"清障施救协作网"，推进清障施救社会化、规范化、专业化、市场化。21世纪伊始，我国道路车辆清障救援开始向社会化转变，涌现了一批以上海安畅汽车牵引有限公司为代表的社会救援企业，推动了道路车辆清障救援行业的快速发展。道路车辆清障救援服务的需求日益凸显，客观上促进了清障救援装备制造业的发展。

二　第二阶段：规范发展阶段（2011—2022年）

道路车辆清障救援服务形成较为完善的产业链结构，包括上游业务层、中间平台层以及下游救援执行层三部分。上游业务层主要由保险公司合同、汽车生产企业合同、银行合同构成；中间平台层包括安联、路华、大陆以及中道等多家汽车救援服务网络公司，构建的救援网络覆盖全国；下游救援执行层为各地的道路车辆清障救援公司，它们从中间平台获取业务，为客户直接提供救援服务。由于我国具备专业救援能力的道路车辆清障救援企业仍十分有限，从事道路车辆清障救援的机构主要包括汽车俱乐部、汽车销售机构、汽车维修机构、拖车公司以及高速公路专职救援队伍等。

2010年，交通运输部、国家发展改革委联合发布了《关于规范高速公路车辆救援服务收费有关问题的通知》（发改价格〔2010〕2204号），明确高速公路车辆救援服务主体，由高速公路经营管理单位统筹组织实施；健全高速公路车辆救援服务体系，提高车辆救援服务效率；规范高速公路车辆救援服务行为，提高救援能力和

服务水平；完善高速公路车辆救援服务收费政策，对高速公路车辆救援服务实行政府指导价或政府定价；强化车辆救援服务及收费的监督检查，不得自行增加收费项目、扩大收费范围或提高收费标准；全面清理规范车辆救援服务收费，重新制定高速公路车辆救援服务收费办法。

交通运输部还陆续发布了交通运输行业标准《道路车辆清障救援操作规范》（JT/T 891—2014）、《道路车辆清障救援技术要求》（JT/T 1357—2020）等系列标准。全国各地也一直在积极探索并力求做好高速公路清障救援服务工作。上海、江苏、安徽、湖南、重庆5个省份出台了地方标准，如江苏省地方标准《高速公路服务规范 第4部分：清障救援服务》（DB32/T 3522.4—2019）、湖南省地方标准《高速公路车辆救援服务和管理规范》（DB43/T 2136—2021）等。除内蒙古、云南、青海，28个省份出台了管理制度，用于规范高速公路运营管理单位从事高速公路车辆救援服务工作。

2020年9月，《浙江省公路条例》正式实施全国首创高速公路故障车辆免费拖曳，避免有偿拖车议价导致车辆长时间停留，有利于保障道路安全和通畅，降低二次事故发生的风险。浙江、江苏先行探索汽车救援员、救援机械操作员职业技能等级认定。

2022年7月，中国公路学会道路救援分会正式成立。此外，部分省、自治区、直辖市也成立了行业协会，例如上海市道路清障施救牵引协会、深圳市道路交通救援行业协会、山西省汽车救援行业协会、内蒙古自治区道路救援协会等，推动了行业规范化发展，健全了行业管理机制。

由于我国各省、直辖市、自治区的发展不平衡，地理位置、地形地貌和人文差异、高速公路发展历程不同，逐渐形成了三种不同的高速公路车辆清障救援运营模式，分别为自有救援运营模式、社会化运营模式以及联合救援运营模式。

1 自有救援运营模式

自有救援运营模式以高速公路经营管理单位为主体，分为自建自主运营模式和集中委托运营模式。此模式下清障救援的效率及收费规范性容易管控，在道路车辆清障救援从业人员（以下简称"清障救援人员"）培训、设备设施的配置及施救站点设置方面，具备资金及资源方面的优势。

（1）自建自主运营模式：自建自主运营模式是由高速公路经营管理单位内部成立独立车辆清障救援部门或专门的基层单位，通过自行组建车辆清障救援力量为高速公路过往驾乘人员提供清障救援服务工作。如湖南高速集团娄底分公司、浙江交投杭州南管理中心采用自主运营模式。

（2）集中委托运营模式：集中委托运营模式是由交通投资集团或高速公路运营集团成立专业化公司，负责集团下属路段车辆清障救援服务工作，以实现网络化、规模化、协同化、信息化运营目标。如广东省交通集团有限公司下属的广东粤运交通拯救有限公司，对集团下属的高速公路集中开展高速公路清障救援业务。

2 社会化运营模式

社会化运营模式是以高速公路经营管理单位为主体，由各高速公路经营管理单位将车辆清障救援服务独立委托给第三方企业运营，往往采用就近委派的原则选择车辆清障救援企业。此模式下基本仍由原公安交警部门管理的社会救援机构作为被委托的救援机构，管理及运营基本沿用原有模式，不需要或只需要高速公路运营管理单位的少量补贴，而在清障救援物价收费标准较低、无法支撑企业正常运营的情况下，该模式存在较大的收费不规范风险，容易出现所谓的"天价救援费事件"，引发社会关注。

专栏1-1　集中委托运营模式案例

广东粤运交通拯救有限公司将省道路车辆救援信息系统、智慧拯救平台、5G+AI视频监控救援云服务平台（图1-2）、会员制出行服务保障平台4套线上救援平台互联互通，打造"精准定位车主位置、救援资源高效调派、智能监控救援全过程、一键发起申请救援"四位一体的救援新模式，实现了车辆救援信息的高效共享、救援资源的科学调派。

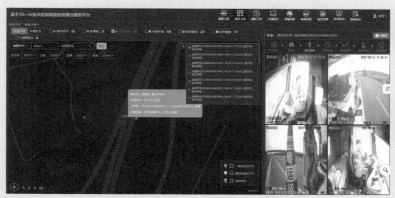

图1-2　视频监控救援云服务平台

3 联合救援运营模式

高速公路运营管理单位自行组建专业救援队伍的同时，将部分路段的救援任务委派给社会专业救援机构。目前，大多数省份采用这种自有救援+社会救援协同救援模式。例如，辽宁省高速公路清障救援服务工作统一由高速公路经营管理单位统筹组织实施。从2021年开始，按照"以点带线，以线带面"原则，在锦州地区试点的基础上，陆续组织沈阳、盘锦、葫芦岛、沈抚分公司相继启动自主清障救援服务工作。在交通流量大及易拥堵路段加密施救站点设置，平均每10~15km设置一个施救站点。在交通流量小事故拥堵路段少的路段采取自有救援+社会救援协同模式开展救援工作，平均每30km设置一个施救站点。

三　第三阶段：高质量发展阶段（2023年至今）

各省、直辖市、自治区不断完善公路车辆清障救援政策，健全高速公路车辆清障救援服务体系，探索出许多新方法、新模式、新经验。随着公路车辆清障救援服务体系的不断完善，公路车辆清障救援工作的服务品质持续提升，推动了高速公路车辆清障救援服务向标准化、规范化、协同化、信息化发展。

高速公路是公路运输的大动脉，3.3%的高速公路里程承担约20%的行驶量，为经济社会发展和公众出行提供了快捷、舒适、安全的交通条件。与高速公路通行、收费、服务区等其他服务相比，车辆清障救援与过往驾乘人员接触更紧密，其"窗口性"特征更为明显,其服务的规范性和品质直接影响社会对高速公路行业的整体评价以及高速公路行业高质量发展水平。

浙江省交通投资集团有限公司提出"数字交投"战略,创建"急客通"车辆清障救援品牌,推出施救在线-直拖服务,在高速公路出口周边20km直径范围内免费将施救车辆拖至驾驶员选择的修理点,同时开展路产直赔等服务,进一步提升高速公路服务品质。

位于杭金衢高速上溪出口的施救在线一站式服务中心(图1-3),设置了车辆停放区、事故勘察区和保险理赔区等功能区块,由高速公路交警、交通运输综合行政执法队、金华管理中心和保险公司等"一路多方"驻点现场办公,进一步减少中间流转环节,提高道路车辆清障救援、定责定损、车辆理赔、直拖服务和送厂维修等一体化处置效能,平均处置时间为20min,整体处置效率提升40%,使高速公路救援由原来的被动式等待转变为主动靠前服务。

图1-3 施救在线一站式服务中心

浙江省交通投资集团有限公司创新开展"急客通·施救在线"(图1-4)服务,推出"一键救援"模式。通过数字化联通交通、交警、消防、卫健、保险、汽修等"一路多方"信息数据,为高速公路车辆救援提供一站式服务,解决公众出行救、修、赔过程中的"最后一公里"痛点问题。

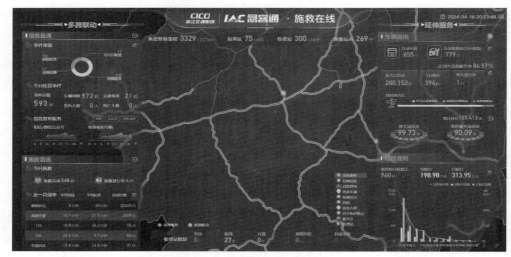

图1-4 急客通·施救在线

江苏交通控股有限公司精心打造"苏高速·茉莉花"营运品牌，培育了救援服务23个品牌孵化站，孕育出67个品牌孵化项目，打造了"胡海平劳模创新工作室""谢建明劳模创新工作室"等多个双创示范基地，研发出便携式声光电警示装置、综合应急保障车、多功能磁吸车等120余项安全高效的孵化项目和研究成果，通过孵化成果和创新项目的不断培育，驱动救援队伍提质增效、设施设备革新升级。

2023年7月25日，交通运输部办公厅发布了《高速公路"阳光救援"行动方案》，提出以开展高速公路"阳光救援"行动为抓手，以高速公路故障车辆为主要服务对象，综合应用信息化等手段，进一步优化高速公路救援组织，规范高速公路救援服务和收费行为，到2023年底，实现高速公路救援服务信息更加透明，救援呼救方式更加便捷，救援组织更加高效，让公众享受更加阳光、透明、便捷、高效的高速公路车辆救援服务，更好地保障人民群众安全便捷出行。

2024年3月27日，全国首届高速公路车辆救援技能大赛在浙江交通集团高速公路前进应急救援基地拉开帷幕，来自全国18个省（自治区、直辖市）的18支队伍、170余名救援尖兵同台竞技。大赛为期两天，设有平板型清障车操作、重型拖吊型清障车操作、汽车起重机操作三个比赛项目，旨在推动高速公路"阳光救援"民生实事深入开展，全面提升高速公路车辆清障救援人员业务技能水平，共同推进高速公路车辆清障救援服务提质增效。

随着交通运输部《高速公路"阳光救援"行动方案》的积极落实，"阳光救援"成为当下高速公路车辆救援发展的重要主题，江苏、辽宁等省份纷纷响应政策在省内开展实施"阳光救援"行动，完善高速公路安全保障体系，有效提升路网运行效率，提供更加阳光、透明、便捷、高效的高速公路车辆救援服务。

第三节 道路车辆清障救援的任务、特点及工作程序

一 道路车辆清障救援的主要任务

道路车辆清障救援行业是保障交通运输系统正常运转、维护社会稳定、推动经济发展的重要力量。道路车辆清障救援的主要任务包括拖车作业、吊车作业、散落货物清理转运作业、应急转移及其他困境救援作业，不含对伤亡人员的医疗救助。

道路车辆清障救援服务实际工作面临的情况比较复杂，还会包括货物保管、事故车辆停放、车辆的前期处置和后期维修等内容。道路车辆清障救援收费标准并未明确货物转运、车辆维修、应急转移等如何收费，易造成道路车辆清障救援收费混乱。

二 道路车辆清障救援的特点

道路车辆清障救援服务是高速公路运营管理的重要组成部分，是涉及快速发现、及时响应和高效处置的系统工程，越来越受到社会各界的广泛关注。具体来说，道

路车辆清障救援具有以下特点。

1 紧急性与时效性

道路车辆清障救援服务是在车辆故障或交通事故突然发生后，需要迅速响应并及时到达现场，快速处置恢复道路交通秩序，避免造成大规模交通拥堵和二次事故。

2 专业性和技术性强

道路车辆清障救援服务涉及各种复杂情况下的拖吊车辆、移除障碍物以及事故现场的安全处置，清障救援人员应具备专业的清障救援基础知识和机械操作技能。

3 安全保障要求高

事故现场可能伴有燃油泄漏、电气短路、动力蓄电池触电等潜在危险，清障救援人员须穿戴适当的防护装备，遵守安全操作规程，配备专用的清障救援装备（清障车、汽车起重机等），确保自身及他人安全。

4 多部门协同联动

道路车辆清障救援服务往往与公安交警、消防救援、医疗急救等部门"一路多方"密切配合，共同应对道路突发事件，保证路网管理与应急处理的有效进行。

5 服务范围广泛

在实施救援的过程中，道路车辆清障救援服务范围包括但不限于等级公路、城市主干道、乡村公路等各种道路环境，根据不同道路情况和事故形态提供道路车辆清障救援方案。

6 全天候服务

为了满足随时可能出现的道路车辆清障救援需求，清障救援服务单位应提供24h不间断的服务，确保无论何时何地都能及时有效地进行救援。

三 道路车辆清障救援工作程序

事件发生后，客户可通过事故报警电话、救援服务电话、微信公众号、App救援模块等途径请求救援。清障救援服务单位受理救援任务后，通常按照以下工作程序进行处理。

1 接收指令

接到调度人员下达的调度通知后，清障救援装备要在规定时间内到达现场。若无法按时到达，清障救援人员要主动告知客户，告知预计延误时间，并说明情况。

2 赶赴现场

道路车辆清障救援服务按照"顺向救援"进行操作。必须要采取逆向、借道或者中断交通方式开展救援的，要在公安交警实施交通管制措施后进行。

3 安全防护

到达现场后，清障救援人员要根据被救援车辆位置和道路分道情况，按照相关标准规定，遵循"先上游或下游"的原则，迅速设置现场安全防护作业区域。

4 事故车辆预处理

清障救援人员要完成被救援车辆受损情况的相关标记和文字影像记录，并告知客户。在开展救援作业前应采取相应处理措施，避免道路救援过程中发生二次事故。

5 现场作业

清障救援人员要根据现场情况及客户需求，按照不同事故形态或故障特征确定清障救援实施方案，并告知客户车辆清障救援作业项目，出示相关收费标准，由客户确认后实施作业。

6 现场撤离

救援作业完毕要及时清理现场，清障救援人员要在系统上确认完成救援任务，上传救援服务确认单（工单）及相应的救援现场影像资料，并向调度人员报告任务完成、交通恢复等情况，与相关部门做好交接手续。

7 拖运车辆

拖运车辆时，被救援车辆严禁载客，确保安全行驶。道路车辆清障救援要将故障车辆拖至客户选择的其他停放地点；事故车辆视情拖至公安交警指定的地点停放。

8 收费管理

在救援作业结束后，清障救援人员要立即按实际救援作业情况填写作业单，道路车辆清障救援收费应严格执行清障救援收费项目和标准，不得自行增加收费项目、扩大收费范围或提高收费标准。

第二章

汽车基础理论知识

本章主要讲述汽车的分类、构造、原理等。通过本章的学习，清障救援人员能够深入理解汽车基础知识，有利于提升其实际操作技能。

清障救援人员应掌握道路车辆清障救援作业对象（汽车）的分类、总体构造及性能参数、行驶基本原理等基础知识，以适应不同类型汽车发生故障或交通事故后的清障救援要求，为其提供专业化服务。

第一节 汽车分类及号牌规定

随着汽车应用的日趋广泛，汽车种类越来越多，其类型也越来越复杂，为了方便管理，各个国家开始制定自己的分类标准或规定。本节依据《道路交通管理机动车类型》（GA 802—2019）和《中华人民共和国机动车号牌》（GA 36—2018）相关标准法规，介绍当前我国汽车的分类分级，以及汽车号牌的分类、规格、颜色及适用范围。

一、汽车分类

汽车种类繁多，但总体上可以根据其用途、动力装置类型、行驶条件、行驶机构等进行简单分类。以下从其用途和动力装置类型两方面介绍汽车的分类和分级。

1. 按用途分类

汽车按用途可分为载客汽车、载货汽车及专项作业车三大类。

(1) 载客汽车

载客汽车是指设计和制造上主要用于载运人员的汽车，包括装置有专用设备或器具但以载运人员为主要目的的汽车。

根据汽车结构，载客汽车可分为普通客车（图2-1）、双层客车（图2-2）、卧铺客车（图2-3）、铰接客车（图2-4）、轿车（图2-5）、面包车（图2-6）、旅居车（图2-7）、专用校车（图2-8）、专用客车（图2-9）、无轨电车（图2-10）及越野客车（图2-11）。各类型载客汽车结构分类，如表2-1所示。

图2-1　普通客车

图2-2　双层客车

图2-3　卧铺客车

图2-4　铰接客车

图 2-5 轿车（三厢式轿车）

图 2-6 面包车

图 2-7 旅居车

图 2-8 专用校车

图 2-9 专用客车

图 2-10 无轨电车

图 2-11 越野客车

载客汽车结构分类 表 2-1

分 类	说 明
普通客车	单层地板，一厢或两厢式结构，安装座椅的载客汽车，但不包括轿车、面包车、越野客车
双层客车	车身为长方体或近似长方体，双层地板，一厢或两厢式结构，安装座椅的载客汽车
卧铺客车	车身为长方体或近似长方体，单层地板，一厢或两厢式结构，安装卧铺的载客汽车
铰接客车	车身为长方体或近似长方体，由铰接装置连接两个车厢且连通，安装座椅的载客汽车
轿车	车身结构为两厢式且乘坐人数小于或等于 5 人，或者车身结构为三厢式且乘坐人数小于或等于 9 人，安装座椅的载客汽车

续上表

分　类	说　明
面包车	平头或短头车身结构，单层地板，发动机中置（指发动机缸体整体位于汽车前后轴之间的布置形式），宽高比（指整车车宽与车高的比值）小于或等于0.90，乘坐人数小于或等于9人，安装座椅的载客汽车
旅居车	装备有睡具（可由桌椅转换而来）及其他必要的生活设施、用于旅行宿营的汽车
专用校车	设计和制造上专门用于运送3周岁以上学龄前幼儿或义务教育阶段学生的载客汽车
专用客车	设计和制造上用于载运特定人员并完成特定功能的载客汽车，包括囚车、殡仪车、救护车、由载客汽车整车或底盘改装的运钞车，以及载客汽车类教练车等由载客汽车整车或底盘、封闭式货车改装但不属于专项作业车的专用汽车，也包括不属于专项作业车的其他乘坐人数大于6人的专用汽车（如电力工程车），但不包括专用校车
无轨电车	以电动机驱动，与电力线相连，具有四个或四个以上车轮的非轨道承载道路车辆
越野客车	车身结构为一厢式或两厢式，所有车轮能够同时驱动，接近角、离去角、纵向通过角、最小离地间隙等技术参数按最高通过性设计的载客汽车

根据车长或乘坐人数，载客汽车可分级为大型、中型、小型及微型。载客汽车的规格分级如表2-2所示。

载客汽车的规格分级　　　　　　　　　　　表2-2

分　级	说　明
大型	车长大于等于6000mm或者乘坐人数大于或等于20人的载客汽车
中型	车长小于6000mm且乘坐人数为10~19人的载客汽车
小型	车长小于6000mm且乘坐人数为小于或等于9人的载客汽车，但不包括微型载客汽车
微型	车长小于或等于3500mm且内燃机气缸总排量小于或等于1000 mL（对纯电动汽车为驱动电机总峰值功率小于等于15kW）的载客汽车

❷ 载货汽车

载货汽车是指设计和制造上主要用于载运货物或牵引挂车的汽车，包括装置有专用设备或器具但以载运货物为主要目的的汽车。

根据汽车结构，载货汽车可分为栏板货车（图2-12）、多用途货车（图2-13）、厢式货车（图2-14）、仓栅式货车（图2-15）、封闭货车（图2-16）、罐式货车（图2-17）、平板货车（图2-18）、集装箱车（图2-19）、车辆运输车（图2-20）、特殊结构货车（图2-21）、自卸货车（图2-22）、专门用途货车（图2-23）、半挂牵引车（图2-24）及全挂牵引车（图2-25）。各类型载货汽车结构分类，如表2-3所示。

图2-12　栏板货车

图2-13　多用途货车

图 2-14 厢式货车

图 2-15 仓栅式货车

图 2-16 封闭货车

图 2-17 罐式货车

图 2-18 平板货车

图 2-19 集装箱车

图 2-20 车辆运输车

图 2-21 特殊结构货车（混凝土搅拌车）

图 2-22　自卸货车

图 2-23　专门用途货车

图 2-24　半挂牵引车

图 2-25　全挂牵引车

载货汽车结构分类　　　　　　　　　　　　　　　表 2-3

分　类	说　明
栏板货车	载货部位的结构为栏板的载货汽车，包括具有随车起重装置的栏板载货汽车，但不包括多用途货车、具有自动倾卸装置的载货汽车
多用途货车	具有长头车身和驾驶室结构、核定乘坐人数小于或等于 5 人（含驾驶人）、驾驶室高度小于或等于 2100mm、货箱栏板（货厢）上端离地高度小于或等于 1500mm、最大设计总质量小于或等于 3500kg 的载货汽车
厢式货车	载货部位的结构为厢体且与驾驶室各自独立的载货汽车；除翼开式车辆外，厢体的顶部应封闭、不可开启
仓栅式货车	载货部位的结构为仓笼式或栅栏式且与驾驶室各自独立的载货汽车；载货部位的顶部应安装有与侧面栅栏固定的、不能拆卸和调整的顶棚杆，且不应具有（货箱）液压举升机构
封闭式货车	载货部位的结构为封闭厢体且与驾驶室联成一体，车身结构为一厢式或两厢式的载货汽车
罐式货车	载货部位的结构为封闭罐体的载货汽车
平板货车	载货部位的地板为平板结构且无栏板、无锁具、无孔洞等固定货箱（货厢）装置的载货汽车
集装箱车	载货部位为骨架结构且无地板，专门运输集装箱（包括罐式集装箱，下同）的载货汽车
车辆运输车	载货部位经过特殊设计和制造，专门用于运输商品车的载货汽车
特殊结构货车	专门运输特定物品、载货部位为特殊结构的载货汽车，包括未固定安装专用货箱的专用汽车，但不包括车辆运输车，如：混凝土搅拌运输车、车厢可卸式垃圾车、气瓶运输车
自卸货车	载货部位的结构为栏板且具有自动倾卸装置的载货汽车
专门用途货车	由非封闭式货车改装的，虽装置有专用设备或器具，但不属于专项作业车的汽车，如：工具车、货车类教练车
半挂牵引车	装备有特殊装置用于牵引半挂车的汽车
全挂牵引车	专门用于牵引全挂车的汽车

根据汽车的车长或最大允许总质量，载货汽车可分级为重型、中型、轻型、微型、三轮及低速。载货汽车规格分级，如表2-4所示。

载货汽车规格分级　　　　　　　　　　　　　　　　表2-4

分级	说　　明
重型	总质量大于或等于12000kg的载货汽车
中型	车长大于或等于6000mm的载货汽车，或者总质量大于或等于4500kg且小于12000kg的载货汽车；但不包括重型载货汽车和低速货车
轻型	车长小于6000mm且总质量小于4500kg的载货汽车，但不包括微型载货汽车和低速汽车（三轮汽车和低速货车的总称）
微型	车长小于或等于3500mm且总质量小于或等于1800kg的载货汽车，但不包括低速汽车
三轮（三轮汽车）	以柴油机为动力，最大设计车速小于或等于50km/h，总质量小于或等于2000kg，长小于或等于4600mm，宽小于或等于1600mm，高小于或等于2000mm，具有三个车轮的货车。其中，采用方向盘转向、由传动轴传递动力、有驾驶室且驾驶人座椅后有物品放置空间的，总质量小于或等于3000kg，车长小于或等于5200mm，宽小于或等于1800mm，高小于或等于2200mm。三轮汽车不应具有专项作业的功能
低速（低速货车）	以柴油机为动力，最大设计车速小于70km/h，总质量小于或等于4500kg，长小于或等于6000mm，宽小于或等于2000mm，高小于或等于2500mm，具有四个车轮的货车。低速货车不应具有专项作业的功能

❸ 专项作业车

专项作业车又称为"专用作业车"，是指装置有专用设备或器具，在设计和制造上用于专项作业的汽车，如汽车起重机、消防车、混凝土泵车、清障车、高空作业车、扫路车、吸污车、钻机车、仪器车、检测车、监测车、电源车、通信车、电视车、采血车、医疗车、体检医疗车等，但不包括以载运人员或货物为主要目的的汽车。

本书涉及的清障车属于专项作业车范畴，其配置专用装备，具有专用功能，承担专项清障作业任务或专门救援运输任务，是国民经济建设过程中不可缺少的交通运输和工程作业的重要装备。

根据汽车结构，专项作业车可分为无载货功能的专项作业车（图2-26）及有载货功能的专项作业车（图2-27）。专项作业车结构分类，如表2-5所示。

图2-26　无载货功能的道路清障车

图2-27　有载货功能的道路清障车

专项作业车结构分类　　　　　　　　　　　　　　　表2-5

分　　类	说　　明
非载货专项作业车	无载货功能的专项作业车，即不具有载货结构，或者虽具有载货结构但核定载质量（或托举质量）小于1000kg的专项作业车
载货专项作业车	有载货功能的专项作业车，即核定载质量（或托举质量）大于或等于1000kg的专项作业车

根据汽车的车长或最大允许总质量，专项作业车可分级为重型、中型、轻型及微型。各等级的确定，参照载货汽车的相关规定。

2 按动力装置分类

汽车按动力装置可分为内燃机汽车和电动汽车两大类。

① 内燃机汽车

内燃机汽车是指以内燃机为动力装置，并通过传动装置驱动车轮的汽车。内燃机汽车按其内燃机动力系统的不同，可主要分为活塞式及涡轮式内燃机汽车。

（1）活塞式内燃机汽车，是指以活塞式内燃机为动力装置的汽车。活塞式内燃机是指通过利用在燃烧室内燃烧燃料产生的高温高压气体，推动活塞做功，再通过曲柄连杆机构或其他机构将动力输出的动力机械。活塞式内燃机可按其活塞的运动方式可分为往复活塞式和旋转活塞式内燃机等类型。

目前，该种类型的汽车占绝大多数，主要以汽油和柴油为燃料。为解决石油资源的能源不足问题，各种代用燃料的开发方兴未艾，例如：合成液体石油、液化石油气（LPG）、压缩天然气（CNG）、醇类等。

（2）涡轮式内燃机汽车，是指以涡轮式内燃机为动力装置的汽车。涡轮式内燃机是指通过利用在燃烧室内燃烧燃料产生的高温高压气体，推动涡轮叶轮旋转做功，并由传动轴输出动力的动力机械。

与活塞式内燃机相比较，涡轮式内燃机功率大、质量小、转矩特性好，对燃料没有严格限制，但耗油量较多、噪声较大、制造成本较高。燃气轮机汽车从未有过大批商品化产品。

② 电动汽车

电动汽车是指以电动机为动力装置，并自身带有供能装置（不包括供电架线）的汽车。电动汽车按其电动机供能装置的不同，可主要分为纯电动汽车、混合动力电动汽车、燃料电池电动汽车。此外，电动机的供能装置也可以是太阳能电池，或者是其他形式的电源。

（1）纯电动汽车，是指驱动能量完全由动力蓄电池提供，通过电动机实现动力驱动的汽车。按系统划分，纯电动汽车可分为机械系统、动力蓄电池系统、驱动电机系统、信息系统和辅助电气系统。与传统内燃机汽车相比，两者的结构差异主要体现在能量来源和动力驱动两个方面。

（2）混合动力电动汽车，是指车上装有两个以上供能装置的电动汽车。车载供能装置有动力蓄电池、燃料电池、太阳能电池、内燃机发电机组等多种形式，目前混合动力电动汽车多数是指以传统的内燃机（柴油机或汽油机）发电机组和动力蓄电池协同或单独供能装置的电动汽车。

（3）燃料电池电动汽车，是指以燃料电池为供能装置的电动汽车。该种车辆利用氢气等燃料，和空气中的氧气在催化剂的作用下，在燃料电池中经电化学反应产生电能并储存，从而供电动机工作。其氢燃料能通过几种途径得到，有些车辆直接携带纯氢燃料，另外一些车辆有可能装有燃料重整器，能将烃类燃料转化为富氢气体。

③ 替代燃料汽车

面对环境污染和能源短缺的双重压力与挑战，世界各国纷纷将汽车燃料的清洁化和多元化作为汽车产业的开发方向。替代燃料汽车发动机工作原理与内燃机基本相同。按燃料种类划分，替代燃料汽车可分为燃气类燃料汽车、醇类燃料汽车、氢燃料汽车。

近年来，替代燃料汽车技术受到行业内外的广泛关注，常见的替代燃料汽车，有压缩天然气（CNG）、液化石油气（LPG）和液化天然气（LNG）作为燃料的燃气类燃料汽车、甲醇、乙醇为燃料的醇类燃料汽车，以及合成燃料、生物柴油和氢能等为燃料的燃料汽车。

二、汽车号牌规定

依据《中华人民共和国机动车号牌》（GA 36—2018），汽车号牌的分类、规格、颜色及适用范围见表2-6。

汽车号牌的分类、规格、颜色及适用范围　　　　表2-6

序号	分类	外廓尺寸（mm×mm）	颜色	数量	适用范围
1	大型汽车号牌	前：440×140 后：440×220	黄底黑字，黑框线	2	符合GA 802规定的中型（含）以上载客、载货汽车和专项作业车（适用大型新能源汽车号牌的除外）；有轨电车
2	挂车号牌	440×220		1	符合GA 802规定的挂车
3	大型新能源汽车号牌	480×140	黄绿底黑字，黑框线		符合GA 802规定的中型（含）以上的新能源汽车
4	小型汽车号牌	440×140	蓝底白字，白框线		符合GA 802规定的中型以下的载客、载货汽车和专项作业车（适用小型新能源汽车号牌的除外）
5	小型新能源汽车号牌	480×140	渐变绿底黑字，黑框线	2	符合GA 802规定的中型以下的新能源汽车
6	使馆汽车号牌	440×140	黑底白字，白框线		符合外发（2017）10号通知规定的汽车
7	领馆汽车号牌				驻华领事馆的汽车
8	港澳入出境车号牌		黑底白字，白框线		港澳地区入出内地的汽车
9	教练汽车号牌		黄底黑字，黑框线		教练用汽车
10	警用汽车号牌		白底黑字，红"警"字，黑框线		汽车类警车
11	普通摩托车号牌	220×140	黄底黑字，黑框线		符合GA 802规定的两轮普通摩托车，边三轮摩托车和正三轮摩托车
12	轻便摩托车号牌		蓝底白字，白框线		符合GA 802规定的两轮轻便摩托车和正三轮轻便摩托车
13	使馆摩托车号牌	220×140	黑底白字，白框线	1	符合外发〔2017〕10号通知规定的摩托车
14	领馆摩托车号牌		黑底白字，白框线		驻华领事馆的摩托车
15	教练摩托车号牌		黄底黑字，黑框线		教练用摩托车
16	警用摩托车号牌		白底黑字，红"警"字，黑框线		摩托车类警车
17	低速车号牌	300×165	黄底黑字，黑框线	2	符合GA 802规定的低速载货汽车、三轮汽车和轮式专用机械车

续上表

序号	分类	外廓尺寸 （mm×mm）	颜色	数量	适用范围
18	临时行驶车号牌	220×140	天（酞）蓝底纹，黑字黑框线	2	行政辖区内临时行驶的载客汽车
				1	行政辖区内临时行驶的其他机动车
			棕黄底纹，黑字黑框线	2	跨行政辖区临时行驶的载客汽车
				1	跨行政辖区临时行驶的其他机动车
		220×140	棕黄底纹，黑"试"字，黑字黑框线	2	试验用载客汽车
				1	试验用其他机动车
			棕黄底纹，黑"超"字，黑字黑框线	1	特型机动车，质量参数和（或）尺寸参数超出 GB 1589 规定的汽车、挂车
19	临时入境汽车号牌		白底棕蓝色专用底纹，黑字黑边框	1	临时入境汽车
20	临时入境摩托车号牌	88×60		1	临时入境摩托车
21	拖拉机号牌		按 NY 345.1 执行		上道路行驶的拖拉机

第二节 汽车总体构造及技术参数

世界各国生产的汽车各具特色，有安全型、速度型、舒适型、耐力型等，但其总体结构及技术参数却相对稳定。本节从汽车的基本结构组成、布置形式及主要技术参数三方面介绍汽车的总体构造。

一 汽车的基本结构

汽车是指由动力驱动，具有四个或四个以上车轮的非轨道承载的车辆，主要用于载运人员和（或）货物（物品）、牵引载运货物（物品）的车辆或特殊用途的车辆以及专项作业。传统燃油汽车通常由发动机、底盘、车身和电气系统四大部分组成，其总体构造如图 2-28 及图 2-29 所示。

图 2-28 为典型轿车的结构图，图 2-29 为典型货车的结构图，其结构组成除了包括四大基本部件之外，还包括载货时所用的货厢。

1 发动机

作为汽车的动力源泉，发动机的作用是使供入其中的燃料燃烧而产生动力。目前，大多数汽车采用四冲程往复活塞式汽油和柴油内燃机。作为一部由许多机构和系统组成的复杂机器，现代汽车发动机的结构形式多样，一般是由机体、曲柄连杆机构、配气机构、冷却系统、燃油供给系统、润滑系统、点火系统（汽油发动机采用）和起动系统组成。

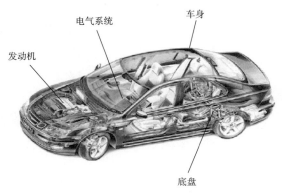

图 2-28 轿车结构图

图 2-29 货车结构图

现代汽油发动机的构造如图 2-30 所示，燃料经点火系统点燃，在汽缸内燃烧，产生巨大压力推动活塞上下运动，通过连杆把力传给曲轴，最终转化为发动机输出轴的旋转运动。

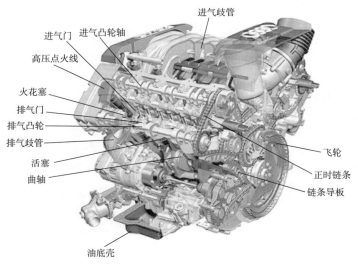

图 2-30 汽油发动机构造剖视图

相比于汽油发动机，柴油发动机由于其燃料——柴油的自燃温度比汽油低，相比汽油机其构造上将不存在点火系统，同时燃油供给系统也存在差异。现代柴油发动机的构造如图 2-31 所示。

（1）机体组。机体组是发动机各机构、

各系统的装配基体，主要包括汽缸盖罩、汽缸盖、汽缸垫、汽缸体和油底壳。

图 2-31　柴油发动机构造剖视图

（2）曲柄连杆机构。曲柄连杆机构是发动机实现工作循环，完成能量转换的主要运动零件。它由活塞连杆组和曲轴飞轮组组成。

（3）配气机构。配气机构的功用是根据发动机的工作顺序和工作过程，定时开启和关闭进气门和排气门，使可燃混合气或空气进入汽缸，并使废气从汽缸内排出，实现换气过程。它由气门组和气门传动组组成。

（4）冷却系统。冷却系统的功用是将受热零件吸收的部分热量及时散发出去，保证发动机在最适宜的温度状态下工作。水冷发动机的冷却系统通常由冷却水套、水泵、风扇、节温器等组成。

（5）燃料供给系统。汽油机燃料供给系统的功用是根据发动机的要求，配制出一定数量和浓度的混合气供入汽缸（或将燃油喷入汽缸内，直接与空气进行混合）；柴油机燃料供给系统的功用是把柴油和空气分别供入汽缸，在燃烧室内形成混合气。

（6）润滑系统。润滑系统的功用是向做相对运动的零件表面输送定量的清洁润滑油，以实现液体摩擦，减小摩擦阻力，减轻机件的磨损，并对零件表面进行清洗和冷却。润滑系统通常由润滑油道、机油泵、机油滤清器和一些阀门等组成。

（7）点火系统。在汽油机中，汽缸内的可燃混合气是靠电火花点燃的，为此在汽油机的汽缸盖上装有火花塞，火花塞头部伸入燃烧室内。能够按时在火花塞电极间产生电火花的全部设备称为点火系统，点火系统通常由点火控制块、点火线圈和火花塞等组成。

（8）起动系统。要使发动机由静止状态过渡到工作状态，必须先用外力转动发动机的曲轴，使活塞作往复运动，汽缸内的可燃混合气燃烧膨胀做功，推动活塞向下运动使曲轴旋转，而后发动机才能自行运转，工作循环才能自动进行。因此，曲轴在外力作用下开始转动到发动机开始自动地怠速运转的全过程，称为发动机的起动，完成起动过程所需的装置，称为发动机的起动系统，通常由起动开关、蓄电池、起动机、继电器等组成。

2 底盘

底盘的作用是支撑、安装汽车发动机及其各部件、总成，接受发动机的动力，使汽车产生运动，并保证汽车按照驾驶员的操纵正常行驶。底盘一般由传动系统、行驶系统、转向系统和制动系统四部分组成，其组成如图 2-32 所示。图 2-32a）为典型轿车的底盘构造图；图 2-32b）为典型货车的底盘构造图。

（1）传动系统。传动系统将发动机的动力传递给驱动车轮，具有减速、变速、倒车、中断动力、轮间差速和轴间差速等功能，与发动机配合工作，能保证汽车在各种工况条件下的正常行驶，并具有良好的动力性和经济性。一般由离合器、变速器、万向传动装置、主减速器、差速器和半轴等组成，如图2-33所示。变速器挡位分布如图2-34所示。

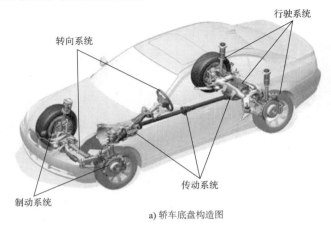

a) 轿车底盘构造图

汽车底盘四系
传动系统：离合器、变速器、传动轴
行驶系统：悬架、车轮、驱动桥、从动桥
转向系统：转向器
制动系统：制动器

b) 货车底盘构造图

图2-32 底盘

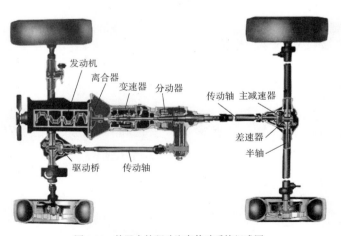

图2-33 前置全轮驱动汽车传动系统组成图

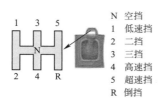
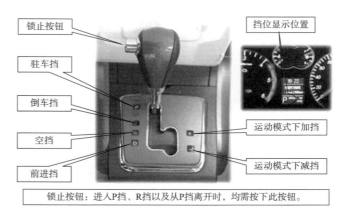

a) 手动挡变速器挡位分布　　　　b) 手自一体变速器挡位分布

图 2-34　变速器

传动系按能量传递方式的不同，可划分为机械传动、液力传动、液压传动、电传动等。

机械传动是所有连接件均为机械结构，发动机发出的动力经离合器、变速器、万向传动装置传到驱动桥，在驱动桥处，动力经过主减速器、差速器和半轴传给驱动车轮。

液力传动（此处单指动液传动）是利用液体介质在主动元件和从动元件之间循环流动过程中动能的变化来传递动力，主要由液力变矩器、传动轴和控制装置等组成。

液压传动也叫静液传动，是通过液体传动介质静压力能的变化来传递能量，主要由发动机驱动的油泵、液压马达和控制装置等组成。

电传动是由发动机驱动发电机发电，再由电动机带动驱动桥或由电动机直接驱动带有减速器的驱动轮，主要由发电机、电动机和控制单元等组成。

（2）行驶系统。行驶系统将汽车各总成及部件连成一个整体并对全车起支撑作用，接受传动系的动力，通过驱动轮与路面的作用产生牵引力使汽车正常行驶，同时承受并传递路面作用于车轮上的各种反力和力矩，缓和不平路面对车身造成的冲击，衰减汽车行驶中的振动，保持行驶的平顺性，并与转向系配合，保证汽车操纵稳定性。一般由车架、车桥（包括转向轮和驱动轮）、车轮和悬架等部件组成，如图 2-35 所示。

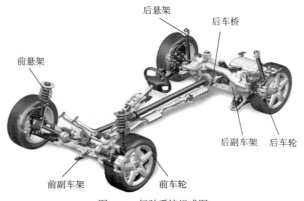

图 2-35　行驶系统组成图

（3）转向系统。转向系统的作用是保证汽车能按照驾驶员选择的方向行驶，一般由转向操纵机构、转向器及转向传动机构等组成，如图2-36所示。

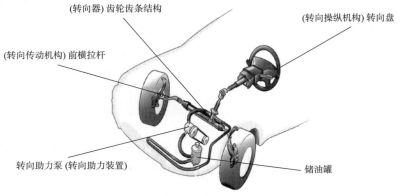

图2-36 转向系统组成图

按转向能源的不同，转向系统可分为机械转向系统和动力转向系统两大类。机械转向系的能量来源是人力，所有传力件都是机械的，由转向操纵机构（转向盘）、转向器、转向传动机构三大部分组成；动力转向系除具有以上三大部件外，其最主要的动力来源是转向助力装置，助力转向按动力的来源又可分为液压助力和电动助力两种，如图2-37和图2-38所示。

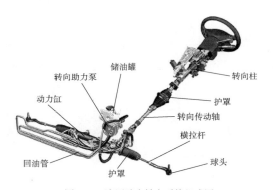

图2-37 液压助力转向系统组成图

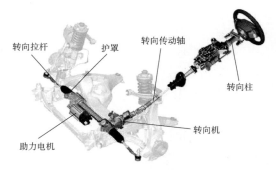

图2-38 电子助力转向系统组成图

（4）制动系统。制动系统的作用是使汽车减速或停车，并保证驾驶员离开后汽车能可靠地停驻，其工作原理就是将汽车的动能通过摩擦转换成热能。汽车制动系统主要由供能装置、控制装置、传动装置和制动器等部分组成，如图2-39所示。

常见的制动器主要有鼓式制动器和盘式制动器，其工作原理如图2-40和图2-41所示。鼓式制动器是通过制动轮缸推动活塞，进而推动制动蹄向外运动，使得制动摩擦片与随车轮转动的制动鼓内侧面发生摩擦，从而产生制动力；盘式制动器是通过液压系统把压力施加到制动钳上，使制动摩擦片与随车轮转动的制动盘发生摩擦，从而达到制动的目的。

每辆汽车的制动装备都包括若干个相互独立的制动系统，按其功能分类，有行车制动系统、驻车制动系统（图2-42）、应急制动系统及辅助制动系统等。用以使行驶中的汽车降低速度甚至停车的制动系统称为行车制动系统；用以使已停驶的汽车驻留原地不动的制动系统则称为驻车制动系统；在行车制动系统失效的情况下，保证汽车仍能实现减速或停车的制动系统称为应急制动系统；在行车过程中，辅助行车制动系统降低车速或保持车速稳定，但不能将车辆紧急制停的制动系统称为辅助制动系统。上述各制动系统中，行车制动系统和驻车制动系统是每一辆汽车都必须具备的。

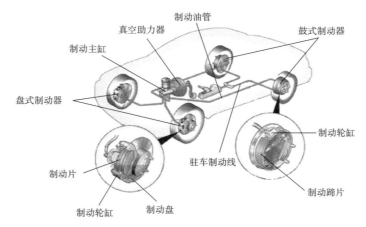

图 2-39 制动系统组成图

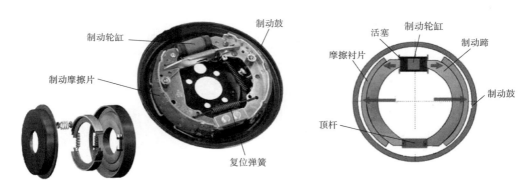

图 2-40 鼓式制动器工作原理示意图

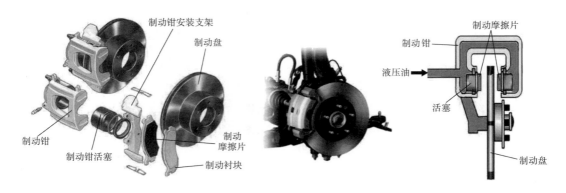

图 2-41 盘式制动器工作原理示意图

a) 操纵杆式　　　　　　　b) 脚踏板式　　　　　　　c) 电子式

图 2-42　驻车制动系统常见样式图

3 车身

汽车车身是驾驶员的工作场所，也是装载乘客和货物的场所。车身应为驾驶员提供方便的操作条件，以及为乘客提供舒适安全的环境或保证货物完好无损，车身结构和设备还应保证行车安全和减轻事故后果。车身还应具有合理的外部形状，以便汽车行驶时能有效地引导周围的气流，以减少空气阻力和燃料消耗，提高汽车的动力性和行驶稳定性，并改善发动机的冷却条件和室内通风。

汽车车身结构主要包括车身壳体、车门、车窗、车前板制件、车身内外装饰件和车身附件、座椅以及通风、暖气、冷气、空气调节装置等，如图 2-43 所示。在货车和专用汽车上还包括车厢和其他装备。

a) 轿车车身总成

b) 客车车身总成

图 2-43　车身

1 车身壳体

车身壳体是一切车身部件的安装基础，通常是指纵、横梁和支柱等主要承力元件以及与它们相连接的板件共同组成的刚性空间结构。客车车身壳体多数具有明显的骨架，而轿车车身壳体和货车驾驶室则没有明显的骨架。车身壳体通常还包括在其上敷设的隔音、隔热、防振、防腐、密封等材料及涂层。

车身壳体按受力可分为以下几类：

（1）非承载式，有一个刚性车架，又称底盘大梁架，是支撑全车的基础，承受着在其上所安装的各个总成的各种载荷。其车身壳体则通过橡胶软垫或弹簧与车架作柔性连接。具有较好的平稳性和安全性，一般用在货车、客车和越野车上，也有部分高级轿车使用，如图2-44所示。

（2）半承载式，其车身壳体通过焊接、铆接或螺栓与车架刚性连接，车架仍然是承受各个总成载荷的主要构件，但车身壳体还在一定程度上有助于加固车架，并分担车架所承受的一部分载荷，如图2-45所示。

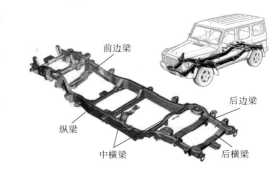

图2-44 越野车非承载式车身壳体

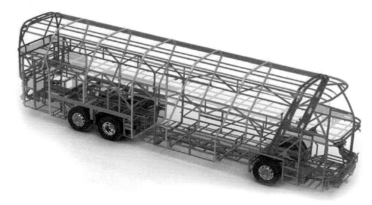

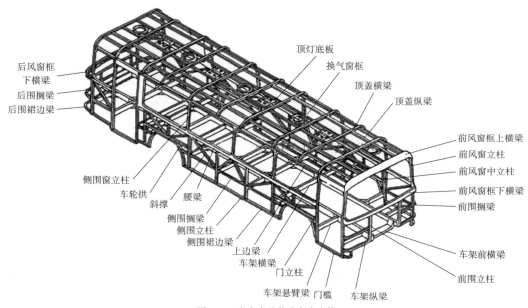

图2-45 客车半承载式车身壳体

（3）全承载式，没有刚性车架，其本身就作为发动机和底盘各总成的安装基体，兼有车架的作用并承受全部载荷。具有质量小、高度低、装配容易等优点，大部分轿车采用这种车身结构，如图2-46所示。

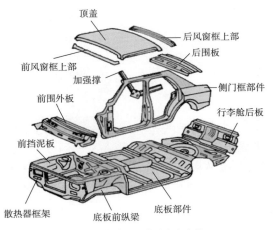

图 2-46　轿车全承载式车身壳体

❷ 车门及车前板制件

车门通过铰链安装在车身壳体上，其结构较复杂，是保证车身使用性能的重要部件，如图 2-47 所示。车前板制件形成了容纳发动机、车轮等部件的空间，如图 2-48 所示。

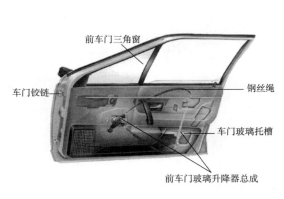

图 2-47　汽车车门及车窗

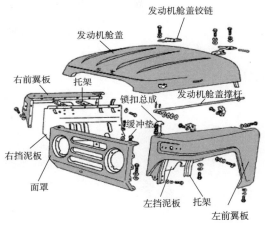

图 2-48　汽车车前板制件

❸ 普通装饰

车身外部装饰件主要是指装饰条、车轮装饰罩、标志、浮雕式文字等。散热器面罩、保险杠、灯具以及后视镜等附件亦有明显的装饰性。

车身内部装饰件包括仪表板、顶篷、侧壁、座椅等表面覆盖装饰物，以及窗帘和地毯。在轿车上广泛采用天然纤维或合成纤维的纺织品、人造革或多层复合材料、连皮泡沫塑料等表面覆盖装饰材料；在客车上则大量采用纤维板、纸板、工程塑料板、铝板、花纹橡胶板以及复合装饰板等覆盖装饰材料。

❹ 车身附件

车身附件包括门锁、门铰链、玻璃升降器、各种密封件、风窗刮水器、风窗洗涤器、遮阳板、后视镜、拉手、点烟器、烟灰盒等。在现代汽车上常装有无线电收放音机和杆式天线，在有的汽车车身上还装有无线电话机、电视机或加热食品的微小炉和小型电冰箱等附属设备。

5 车身附属装置

车身内部的通风、暖气、冷气以及空气调节装置是维持车内正常环境、保证驾驶员和乘客安全舒适的重要装置。座椅也是车身内部重要装置之一。座椅由骨架、坐垫、靠背和调节机构等组成。坐垫和靠背应具有一定的弹性。调节机构可使座位前后或上下移动以及调节坐垫和靠背的倾斜角度。某些座椅还有弹性悬架和减振器,可对其弹性悬架加以调节以便在驾驶员们不同的体重作用下仍能保证坐垫离地板的高度适当。在某些货车驾驶室和客车车厢中还设置适应夜间长途行车需要的卧铺。

6 车身安全防护装置

为保证行车安全,在现代汽车上广泛采用对乘员施加约束的安全带、头枕、气囊以及汽车碰撞时防止乘员受伤的各种缓冲和包垫装置。

7 货厢

按照运载货物的不同种类,货车车厢可以是普通栏板式结构、平台式结构、倾卸式结构、闭式车厢、气液罐以及运输散粒货物(谷物、粉状物等)的专用容罐,或者是适于公路、铁路、水路、航空联运和国际联运的各种标准规格集装箱。

4 电气系统

汽车电气系统是汽车的重要组成部分之一,其性能好坏直接影响汽车的动力性、经济性、可靠性、安全性、舒适性以及排放等性能。汽车电气系统是现代汽车发展水平的一个重要标志,其科技含量已成为衡量现代汽车档次的重要指标之一。此外,在现代汽车上越来越多地装用了各种电子设备:微处理机、中央计算机系统及各种人工智能装置等,显著提高了汽车的性能。汽车电气系统的构造如图2-49所示。

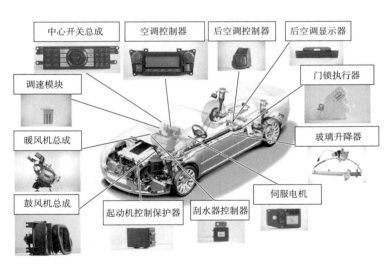

图2-49 汽车电气系统总成

现代汽车所装备的电气系统,按用途划分主要包含电源系统、用电系统、检测系统及配电系统四部分。

1 电源系统

电源系统包括蓄电池、发电机及其调节器。前两者是并联工作,发电机是主电源,蓄电池是辅助电源。发电机配有调节器的作用是在发电机转速升高时,自动调节发电机的输出电压使之保持稳定。

2 用电系统

汽车上用电系统大致可分为以下六类：

（1）起动系：主要机件是起动机，其任务是起动发动机。

（2）点火系：它是汽油发动机的组成部分，包括电子点火系统或传统点火系统的全部组件。其任务是产生高压电火花，按发动机的工作顺序点燃汽缸内的可燃混合气。

（3）照明系统：包括车内外各种照明灯以及保证夜间安全行车所必需的灯光，其中以前照明灯最为重要。军用车辆还增设了防空照明。

（4）信号系统：包括电喇叭、蜂鸣器、闪光器及各种信号灯等，主要用来保证安全行车所必需的信号。

（5）电子控制系统：主要指由微机控制的装置，包括电子控制点火装置、电子控制燃油喷射装置、电子控制防抱死制动装置、电子控制自动变速装置等，分别用来提高汽车的动力性、经济性、安全性、排气净化和操纵自动化等性能。

（6）辅助电器：包括电动刮水器、低温起动预热装置、空调器、收录机、点烟器、防盗装置、玻璃升降器、座椅调节器等。辅助电器有日益增多的趋势，主要向舒适、娱乐、保障安全方面发展。

3 检测系统

检测系统包括各种检测仪表，如电压表、电流表、水温表、油压表、燃油表、车速里程表、发动机转速表和各种报警灯，用来监测发动机和其他装置的工作情况。

4 配电系统

配电系统包括中央接线盒、电路开关、保险装置、插接件和导线等，以保证线路工作的可靠性和安全性。

对于新能源汽车，除去动力源的不同，其底盘、车身及电器系统三部分的结构变化不大。图2-50所示为天然气和燃油双用汽车的基本构造，图2-51所示为燃料电池汽车的基本构造，图2-52所示为混联式混合动力电动汽车的基本构造。

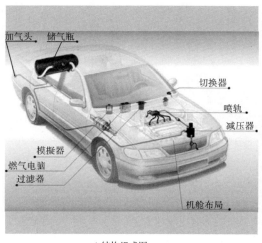

a) 结构组成图

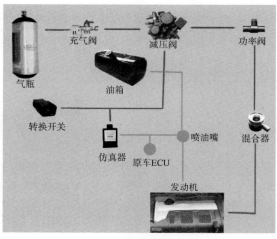

b) 工作原理图

图2-50 天然气和燃油双用汽车的基本结构

二 汽车的布置形式

为满足不同的使用要求，汽车的总体布置可以有不同的形式。现代汽车按发动机位置和驱动形式的不同，通常有发动机前置后轮驱动、发动机前置前轮驱动、发动机后置后轮驱动、发动机中置后轮驱动及四轮驱动这五种布置形式。

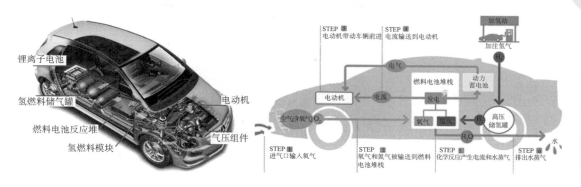

a) 结构组成图　　　　　　　　　　b) 工作原理图

图 2-51　燃料电池汽车的基本结构

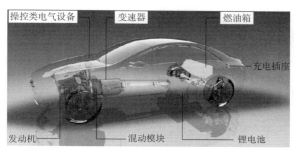
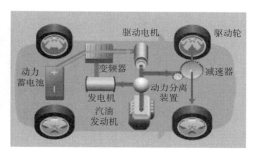

a) 结构组成图　　　　　　　　　　b) 工作原理图

图 2-52　（混联式）混合动力电动汽车的基本结构

1　发动机前置后轮驱动（FR）

这是传统的布置形式，大多数货车、部分轿车和部分客车采用这种形式，如图 2-53 所示。

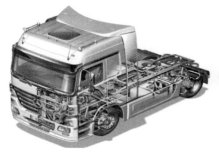

a) 奔驰1844型牵引车的前置后驱　　　b) 宝马5系的前置后驱

图 2-53　前置后驱车型

2　发动机前置前轮驱动（FF）

这是现代大多数轿车常见的布置形式，具有结构紧凑、整车质量小、地板高度低等优点，如图 2-54 所示。

3　发动机后置后轮驱动（RR）

这是目前大、中型客车常见的布置形式，少数轿车也有采用这种形式，具有车内噪声小、空间利用率高等优点，如图 2-55 所示。

图 2-54 大众帕萨特的前置前驱

a) 金龙XMQ6125G的后置后驱

b) 保时捷911的后置后驱

图 2-55 后置后驱车型

4 发动机中置后轮驱动（MR）

这是方程式赛车和大多数跑车采用的布置形式，少数大、中型客车也采用这种形式，将质量和尺寸很大的发动机布置在驾驶员座椅与后轴之间，有利于获得最佳的轴荷分配，具有良好的动力性能和操控稳定性等优点，如图 2-56 所示。

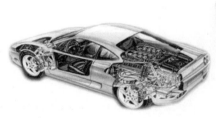

a) 法拉利F360的中置后驱

b) 沃尔沃B12M的中置后驱

图 2-56 中置后驱车型

5 四轮驱动（4WD）

这是越野汽车常采用的布置形式，部分轿车也采用这种形式，通常发动机前置，通过变速器之后的分动器将动力分别传送给全部驱动轮，具体良好的动力性能和通过性能等优点，如图 2-57 所示。

三 汽车的主要技术参数

汽车在作为产品供人们使用和消费前，通常将采用相关技术参数对其进行规格化。

1 技术参数的术语及定义

汽车主要的技术参数包括尺寸参数、

质量参数和性能参数。

图 2-57　奥迪 quattro 的四轮驱动

❶ 尺寸参数

（1）车长（mm）：汽车长度方向两极端点间的距离；

（2）车宽（mm）：汽车宽度方向两极端点间的距离；

（3）车高（mm）：汽车最高点至地面间的距离；

（4）轴距（mm）：汽车前轴中心至后轴中心的距离；

（5）轮距（mm）：同一车轴上左右轮胎胎面中心线间的距离；

（6）前悬（mm）：汽车最前端至前轴中心的距离；

（7）后悬（mm）：汽车最后端至后轴中心的距离；

（8）最小离地间隙（mm）：汽车满载时，最低点至地面的距离；

（9）接近角（°）：汽车前端突出点向前轮引的切线与地面的夹角；

（10）离去角（°）：汽车后端突出点向后轮引的切线与地面的夹角。

各尺寸参数示意图如图 2-58 所示。

❷ 质量参数

（1）整车整备质量（kg）：汽车带有全部装备(包括润滑油、燃料、水、随车工具、备胎等所有装置)，但没有装货和载人时的整车质量；

（2）最大总质量（kg）：汽车装备齐全，并按规定满载客、货时的整车质量；

（3）最大装载质量（kg）：汽车在硬质良好路面上行驶时所允许的额定装载质量；

（4）最大轴载质量（kg）：汽车单轴所承载的最大质量，与道路通过性有关。

❸ 性能参数

（1）最小转弯半径（mm）：汽车转向盘转到极限位置时，汽车外侧转向轮的中心平面在车辆支承平面上的轨迹圆半径；

（2）最高车速（km/h）：汽车在平直道路上行驶时能达到的最大速度；

（3）最大爬坡度（%）：汽车满载时的最大爬坡能力；

（4）平均燃料消耗量（L/100km）：汽车在道路上行驶时每百公里平均燃料消耗量。

❷ 主要车型技术参数

清障救援人员需掌握作业对象的主要车型技术参数（调查统计结果），根据不同车辆类型选择不同吨位和类型的清障救援装备。

❶ 客车的主要车型技术参数

当前我国大、中、小三类客车车型，其

总质量主要分布于1500kg、6000kg、10000kg、140000kg、18000kg以及25000kg。其整备质量、轴距、外廓尺寸等主要技术参数，如表2-7所示。

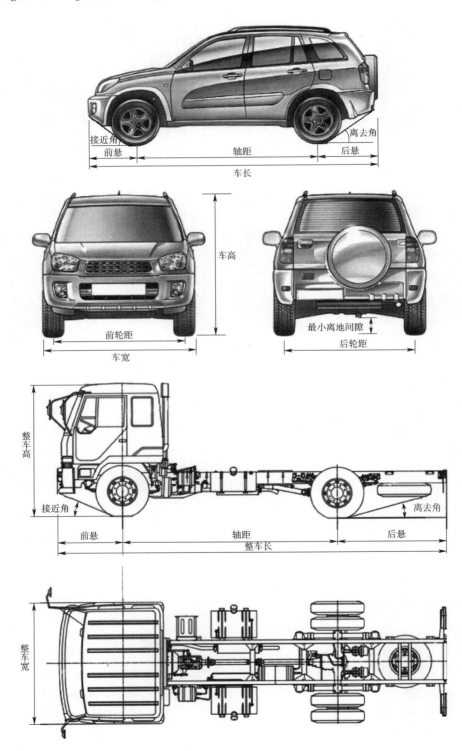

图 2-58　汽车尺寸参数示意图

客车的主要车型技术参数 表2-7

车辆类型		小型客车	中型客车	大型客车			
总质量（kg）		1500	6000	10000	14000	18000	25000
整备质量	范围	1060~1490	3550~4500	6150~7850	8100~11300	11700~13390	15800~19500
	均值	1316	4077	6951	9856	12663	17027
几何尺寸（mm）							
前轮轮距	范围	1420~1590	1675~1830	1823~1950	1910~2080	2023~2099	2020~2158
	均值	1520	1762	1886	2021	2051	2107
车轮半径	范围	295~340	364~376	368~483	496~511	512~528	521~601
	均值	316	371	440	503	517	538
轴距	范围	2450~2709	3100~4085	3500~4000	4250~5170	5550~6200	6850~8300
	均值	2610	3471	3810	4917	6011	7905
总长	范围	4390~4770	5995~7080	7495~8760	8995~10680	10420~12000	12440~13700
	均值	4640	6452	8090	10170	11912	13650
总宽	范围	1668~1886	2035~2270	2380~2480	2450~2550	2450~2550	2490~2550
	均值	1770	2213	2442	2488	2516	2543

2 货车的主要车型技术参数

以我国重、中两类货车车型为例，其总质量主要分布于6000kg、10000kg、180000kg、25000kg、31000kg以及49000kg。其整备质量、轴距、外廓尺寸等主要技术参数，货车的主要技术参数如表2-8所示。

货车的主要车型技术参数 表2-8

车辆类型		中型货车		重型货车		
		整体式货车	整体式货车	整体式货车	整体式货车	汽车列车
轴数		2		3	4	6
总质量（kg）		6000	10000	18000	25000	31000	49000
整备质量	范围	2100~3450	3050~4900	6149~10190	10200~14005	12500~15700
	均值	2826	4449	9054	11458	13520
几何尺寸（mm）						
前轮轮距	范围	1385~1750	1525~1900	1928~1980	1930~1980	1914~2020
	均值	1568	1728	1934	1948	1958
车轮半径	范围	364~454	417~496	484~522	500~541	500~541
	均值	409	462	500	520	520
轴距	范围	2800~3900	3460~4200	6300~7550	7450~7850	12450~16900
	均值	3383	3871	6912	7612	13420
总长	范围	5415~6990	6400~7600	10300~12000	11500~12000	16000~17500
	均值	6213	7042	11300	11900	16800
总宽	范围	1880~2300	2095~2490	2340~2500	2400~2500	2490~2500
	均值	2081	2290	24720	2485	2495
货厢底板高度	范围	932~1085	1000~1200	1240~1250	1140~1330	1300~1570
	均值	1002	1084	1250	1250	1476

第三节 汽车行驶基本原理

汽车行驶时，承受着较为复杂的各种力的作用，有纵向力、横向力和垂直力以及力矩。本节从汽车直线行驶时各种纵向力的相互关系出发，通过介绍汽车的驱动力与行驶阻力关系、路面附着条件，完成对汽车行驶基本原理介绍。

一 汽车的驱动力与行驶阻力

汽车若要运动，就必须具有克服各种阻力的驱动力，当两者达到平衡，汽车将做匀速运动。

1 驱动力

汽车的驱动力 F_t 来自发动机或电动机，其大小决定于汽车自身的动力及地面附着力。发动机或电动机发出的转矩经过汽车传动系统，施加给驱动车轮一转矩，使车轮旋转运动。在该转矩的作用下，驱动车轮与地面接触处对地面施加一作用力 F_0，其方向与汽车前进方向相反。在车轮向地面施加 F_0 的同时，地面向汽车施加一个大小相等、方向相反的反作用力 F_t，就是促使汽车行驶的驱动力。驱动力产生的示意图如图2-59所示。

图2-59 汽车驱动力产生示意图

2 行驶阻力

汽车行驶时需要克服各种阻力，主要包括滚动阻力、空气阻力、坡度阻力及加速阻力。

（1）滚动阻力 F_f，是指车轮滚动时轮胎与路面变形而产生的阻力。其大小与路面的结构和状况、轮胎的结构和气压、汽车总质量等有关。

（2）空气阻力 F_w，是指汽车行驶时与其周围空气相互作用而产生的阻力。其大小与汽车的正投影面积、车身曲线和车速等有关。

（3）坡度阻力 F_i，是指汽车在坡道上时，其重力沿坡道方向的分力。其大小决定于坡道的坡度和汽车总质量。

（4）加速阻力 F_j，是指汽车加速行驶时，需要克服汽车质量加速运动时的惯性力。汽车的质量越大，加速阻力越大。

3 驱动力与总阻力的关系

汽车的总阻力 $\sum F$ 是上述各项阻力之和：

$$\sum F = F_f + F_w + F_i + F_j \quad (2-1)$$

当 $F_t = \sum F$ 时，汽车匀速行驶；当 $F_t > \sum F$ 时，汽车速度增加，总阻力亦随空气阻力而增加，在某个较高的车速处达到新的平衡，然后匀速行驶；当 $F_t < \sum F$ 时，汽车将减速或停驶。

二 汽车的路面附着条件

汽车能否充分发挥其驱动力，还受到车轮与地面的附着作用的限制。在平整的干硬路面上，车轮的附着作用是由于轮胎与路面存在着摩擦力，该摩擦力阻止车轮产生滑动，使车轮能够正常地向前滚动并承受路面的驱动力。如果驱动力大于该摩擦力，车轮与路面之间就会出现滑动。由附着作用所决定的阻止车轮产生滑动的力的最大值称为附着力，用 F_φ 表示。附着力 F_φ 与车轮所承受垂直于地面的法向力 G（称为附着重力）成正比：

$$F_\varphi = G\varphi \qquad (2-2)$$

式中：G——附着重力，是汽车总重力分配到驱动轮上的那部分；

　　　φ——附着系数。

附着系数数值与轮胎的结构和气压、路面的结构和状况等有关（硬路面的附着系数较高，但当路面有尘土覆盖或潮湿后附着系数显著下降，细而浅花纹的轮胎在硬路面上有较大的附着系数，而在松软地面上花纹宽而深的轮胎则可获得较大的附着系数，与地面接触面积大的低气压、宽断面和子午线轮胎的附着系数比一般轮胎高，当车速提高时附着系数将下降）。

由此可知，附着力限制了汽车驱动力的发挥，汽车行驶的附着条件即为：$F_t \leqslant F_\varphi$。

在冰雪或泥泞地面上，由于附着力很小，汽车的驱动力受到附着力的限制而不能克服较大的阻力，导致汽车最高车速减低甚至不能前进。为了增加其附着力，可采用特殊花纹的轮胎或在轮胎上绕装防滑链，也可以采用在路面撒砂等应急措施。

第三章
道路车辆清障救援装备基础知识

　　本章主要讲述清障车的分类、构造、原理及维护等。通过本章的学习，清障救援人员能够深入地理解清障车基础知识，有利于其实际操作技能的提升。

　　清障救援人员应掌握清障车的分类、总体构造及性能参数、清障车工作原理、专用作业装置功用及组成、作业附件结构与性能、日常维护等相关基础性知识，以便在开展清障救援服务时能熟练、安全地使用清障车。

第一节 清障车概述

一、国外清障车发展历程

道路车辆清障救援技术最早诞生于20世纪初的美国。1916年,美国人Emest Holmes将一个三角架和一套链条牵拉机构安装到一辆卡迪拉克汽车上(图3-1),发明了世界上第一款用于清障、救援事故车辆的清障车雏形,由此拉开了清障车发展的序幕。

图3-1 1916年美国的清障车雏形

20世纪20—50年代是清障车发展的第一阶段。在载货汽车的基础上改装而成,增加了滑轮、钢丝绳和卷扬机等装置。采用拉杆支撑的方式,由卷扬机带动钢丝绳牵拉事故车辆的一端,将其拖离现场,功能较为单一。

20世纪50—70年代是清障车发展的第二阶段。以引入液压传动与控制技术为标志,伴随第一批采用全液压传动的清障车生产,涌现出一批著名的清障车生产企业,如Vulcan、Century等。这个时期由于新技术的应用,清障车的生产制造工艺得到了很大的发展,使得清障车拥有了更多的功能,如图3-2所示。针对不同事故形态而改变设计规格和结构形式成为可能,而且出现了部分专用底盘,清障车的分类也呈现多样化。

图3-2 第二阶段的清障车

20世纪80年代至今是清障车发展的第三阶段。这个阶段是清障车快速发展时期,国际上知名的清障车生产企业有美国的米勒、JERR-DAN、福特以及加拿大的NRC等。从超重吨位的半挂式清障车到最小吨位的皮卡式清障车,从75t多功能重型清障车到专拖摩托车的小型清障车,清障车结构多样、功能齐全,具有托举、起吊、托牵、牵拉、背载、破拆、维修等功能。第三阶段的清障车,如图3-3所示。

图 3-3　第三阶段的清障车

家有广东粤海汽车有限公司、江苏中汽高科股份有限公司（原常州中汽商用汽车有限公司）、长沙梅花汽车制造有限公司等。

随着现代日益发展的汽车工业、液压技术、电子技术和新材料的广泛应用，我国清障车技术正向模块化、轻量化、智能化的方向发展。目前，清障车品种多、功能全，其结构新颖、制造精美。清障车的工作能力正逐步向两极分化：轻型皮卡式清障车能在道路拥挤和狭窄的巷道内进行清障；除了 5 轴重型清障车以外，半挂式平板清障车能在高速公路上对大型客车进行清障。高强度塑性材料、铝型材，以及不锈钢等新材料也开始应用于清障车。

在系统监控、集成控制等方面，采用先进的电子控制技术和装备，例如配备吊臂防超载预警、拖曳全程动态监控、施救避撞自保护、无线遥控操作、实时语音报警、GPS 调度系统等多项先进的电子辅助装置，使清障车具有安全、可靠、高效、便捷等显著特点。

二 我国清障车发展历程

我国清障车制造业起步较晚，始于 20 世纪 80 年代中期，主要对国外发达国家的先进技术和成果进行引进和消化吸收，经历了整体引进、吸收仿制到自主创新的过程。清障车从依靠进口到开始出口，实现了从单一品种、单一功能，到多品种、多功能的突破。截止到 2023 年年底，我国清障车生产企业达 70 余家，年产量达到了 16389 辆。目前，我国生产清障车的主要厂

第二节　清障车分类及功能

不同厂家生产的清障车，除采用不同的汽车底盘外，其专用作业装置结构类似，技术参数区别不大。

一 清障车分类

清障车品种繁多，结构形式和功能各异。其作业功能当中，托举、托牵、背载是清障车的基本功能，起重、绞盘牵引是清障车的重要拓展功能。

1 按车身结构分类

清障车按车身结构可分为托吊型和平板型。

1 托吊型

托吊型清障车，配有托臂和吊臂，两者既可连在一起成为一个整体，也可以分开各自独立，具有托牵和起吊等功能，如图 3-4 所示。

托吊型清障车，适用于对侧翻、滚落到沟里或路外的车辆的救援，但是由于该型清障车车体笨重，操作不便，因此不适用于狭小受限环境下的救援作业的救援。

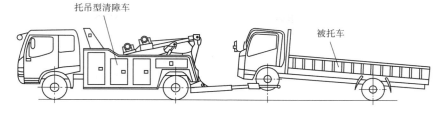

图3-4 托吊型清障车

2 平板型

平板型清障车,除配有托臂外,还配有平板机构,具有托牵和背载等功能,即在背载作业的同时,还可以进行托牵作业,俗称"一托二",如图3-5所示。

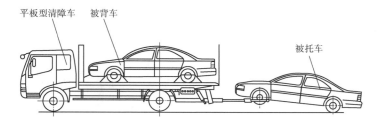

图3-5 平板型清障车

平板型清障车,适用于对城市道路、高速公路等路面交通事故车辆或违章车辆的清理,受路面及作业环境的限制小,操作灵活简便。

2 按作业装置结构特点分类

按作业装置结构特点分有托吊连体型、托吊分离型以及平板背载型等系列,每种型号的清障车适用范围也有所不同。

1 托吊连体型

托吊连体型清障车的吊臂与托臂连结一体,一般为二轴、三轴、四轴的中重型清障车,如图3-6所示。该车吊臂无转台,不能回转,多数带有一节吊臂伸缩臂(对于该型二轴清障车,也有不带吊臂伸缩臂的情况),其吊臂座固定在车架上,在副车架前端或吊臂上安装有单绞盘或双绞盘。它的最大特点是吊臂与托臂的垂直臂直接连接,通过吊臂的升降完成托举作业。由于托吊连体型清障车的吊臂不能旋转,仅能吊举位于清障车后部的作业对象,同时因吊臂伸缩长度的限制,该型清障车的吊举高度一般在5m左右。

图3-6 托吊连体型清障车

托吊连体型清障车是目前道路清障车中比较常见的类型，在中重型清障车里占有很大的市场份额。作业对象一般是中重型载货汽车、大中型载客汽车、轻型载货汽车、微型客货车等。

❷ 托吊分离型

托吊分离型清障车与托吊连体型清障车的工作原理基本相同。托吊分离型清障车，其吊臂与托臂是分开的，吊臂与托臂可单独工作，互不影响。托臂通过安装在垂直臂中的升降油缸实现其托举功能。吊臂主要用来配合液压绞盘起吊和牵拉事故车辆。托吊分离型清障车包含吊臂旋转和吊臂不旋转两种形式。

（1）吊臂旋转的托吊分离型。

吊臂旋转的托吊分离型清障车一般为四轴重型清障车，如图3-7所示。吊臂通过主轴安装在转台上，转台带动吊臂实现360°回转，以满足不同方向的起吊和拖拽要求。配备360°回旋可变幅吊臂的清障车，对于侧翻等事故救援时，可用吊臂的回转、伸缩、变幅等功能，将事故车辆从一端（或一侧）或整台车起吊扶正，或将事故车辆从路基及路基附近的地方牵拉至路面扶正，再用托臂完成对事故车辆的托举牵引。该型清障车也可以侧向吊举，其吊举高度约为9~13m。

图3-7 吊臂旋转的托吊分离型清障车

吊臂旋转的托吊分离型清障车应用比较广泛，作业对象为中型载货汽车、大中型客车、重型载货汽车及超重型半挂汽车列车等。其也可托牵中小型车辆，但考虑托牵成本，一般不使用。

（2）吊臂不旋转的托吊分离型。

该型清障车一般为二轴或三轴的中型清障车，如图3-8所示。与吊臂旋转的托吊分离型清障车相比较，其没有转台，吊臂不能回转，吊臂座固定在车架上，两个液压绞盘安装在吊臂上，除此之外其他功能基本相同。

图3-8 吊臂不旋转的托吊分离型清障车

吊臂不旋转的托吊分离型清障车应用并不广泛，其被托吊连体型或吊臂旋转的托吊分离型清障车取代，作业对象一般是轻型载货汽车、微型客货车等。

❸ 平板背载型

平板背载型清障车是目前比较流行的一种清障车类型，如图3-9所示。主要通过其自身的平板机构升降、滑动作业，配合液压绞盘将被救车辆牵拉到车厢上，再经对被救车辆的捆扎固定，实现对被救车辆的无损背载运输。此外，平板背载型清障车可通过自身或其他车辆的起重机构将被救车辆吊到平板车厢上，或通过叉车将被救车辆叉举到平板车厢上，提升清障救援的效率。

图 3-9 平板背载型清障车

平板背载型清障车作业对象涵盖重型、中型以及轻型客货车,但其适用于轿车、微型客货车等总质量小的车型占比居多。

3 按最大允许总质量分类分级

根据清障车的车长或最大允许总质量,清障车可分为重型、中型、轻型、微型。各等级的相关定义说明如表 3-1 所示。

清障车规格分级　　　　　　　　表 3-1

分级	说　明	主要车型
重型	总质量大于或等于 12000kg 的清障车	平板背载型、托吊连体型、托吊分离型
中型	车长大于或等于 6000mm 或者总质量大于或等于 4500kg 且小于 12000kg 的清障车	平板背载型、托吊连体型、托吊分离型
轻型	车长小于 6000mm 且总质量小于 4500kg 的清障车	平板背载型、托吊连体型、托吊分离型
微型	车长小于或等于 3500mm 且总质量小于或等于 1800kg 的清障车	—

重型清障车作业对象是重型载货汽车、重型半挂汽车系列等总质量 12t 以上车型,主要有 12t、16t(图 3-10a)、20t、25t(图 3-10b)、31t(图 3-10c)、38t、48t、50t(图 3-10d)等型号;中型清障车的清障作业对象是中型载货汽车,中型客车等总质量 4.5~12t 车型,主要有 5t(图 3-11a)、6t、8t(图 3-11b)等型号;轻型清障车作业对象是轻型载货汽车,微型客车及轿车等总质量 4.5t 以下车型,主要有 2t、3t(图 3-12)等型号。

a) 16t 托吊连体型

b) 25t 托吊连体型

c) 31t 托吊连体型

d) 50t 托吊连体型

图 3-10　重型清障车规格分级图例

a) 5t托吊连体型

b) 8t托吊连体型

图 3-11 中型清障车规格分级图例

a) 3t托吊连体型

b) 3t托吊分离型

图 3-12 轻型清障车规格分级图例

二 主要功能

通常清障车具备托牵（拖曳）、牵引拖牵、起吊、绞盘牵拉（拖拽）、破拆、撑涨、扶正背载以及警示、照明等功能。其中，托牵（拖曳）、牵引拖牵、背载作业是清障车的基本"拖车"功能，而起吊、绞盘牵拉则是清障车的拓展"救援"功能。清障车使用中所涉及的主要功能的专业术语如下：

1 清障

利用清障车辆和专业设备把事故车辆托（拖）运至道路的安全地带或指定场所的作业行为。

2 托牵（拖曳）

《中华人民共和国道路交通安全法》明确规定"第六十八条 机动车在高速公路上发生故障或者交通事故，无法正常行驶的，应当由救援车、清障车拖曳、牵引。"拖曳（或称为"托牵"）是指用清障车的托举机构托起被托车辆的一端（轮胎离地）进行牵引行驶的一种作业。

3 牵引拖牵

牵引分为硬牵引和软牵引两种。通常选用软材料比如钢丝绳、麻绳或专用车辆牵引绳把牵引车和故障车连接起来进行牵引行驶，俗称"软连接牵引"。对制动系统无法正常工作的车辆，选用牵引杆把牵引车和故障车连接起来进行牵引行驶，俗称"硬连接牵引"（图3-13）。为保证安全，应尽量采用硬连接，汽车吊车和轮式专用机械车不得牵引车辆。

牵引拖牵（俗称"硬拖"）就是指使用硬连接牵引装置把清障车和被拖车连接进行牵引行驶（轮胎不离地）的一种作业。清障车的牵引拖牵能力与清障车的最大总质量及发动机功率有关。

4 背载

背载（图 3-14）是通过将被清障车辆移至清障车平板机构上，再经过轮胎捆绑紧固后，运往指定位置的一种作业。常见于城市道路清障救援，特别适用于轿车故障、城市违章车辆及抢险救援。

图 3-13 硬连接牵引示意图

图 3-14 背载示意图

5 绞盘牵拉

绞盘牵拉（也称"拖拽"）是指清障车处于固定位置，用绞盘驱动钢丝绳将远离清障车的车辆或障碍物牵拉至预定位置的一种作业，如图 3-15 所示。通常清障车配备有若干个绞盘，配合吊臂、附近固定物或桩式地锚等锚点，完成对各种形式倾翻车辆的扶正和翻于深沟车辆的牵拉。

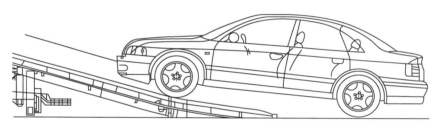

图 3-15 绞盘牵拉示意图

6 起吊

利用清障车自身起重机构（包括随车吊）或调用其他设备（如汽车起重机等），对事故车辆进行必要且必需的拯救、扶正、拖拽等清障救援作业。

7 托举

托举能力是衡量清障车作业性能的重要技术参数之一。托举是指用托举机构托起被托车辆一端（轮胎离地）的一种作业，是清障车进行托牵前的一种作业工况，如图 3-16 所示。

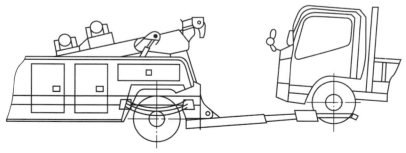

图 3-16 托举示意图

8 变幅

变幅是指清障车起重机构为改变其起吊作业半径而进行的吊臂俯仰或伸缩的运动。

9 破拆

破拆是指应急救援时,利用专业设备将事故车辆妨碍清障救援的部分切割或剪开的作业行为。《中华人民共和国消防法》"第三十七条 公安消防队、专职消防队依照国家规定承担重大灾害事故和其他以抢救人员生命为主的应急救援工作。"对公安消防队、专职消防队承担的灾害事故救援工作做出了明确要求。因此,一般清障车没有配备破拆工具。

10 撑涨

利用专业设备,为事故车辆提供必要的支撑或将狭小空间撑开,以方便清障救援作业的行为。

11 扶正

利用清障车和专业设备,使倾翻事故车辆恢复正常位置状态的作业行为。

12 警示、照明

为了快捷地到达事故现场,清障车应设置警示灯和警报器装置。清障车配备警示灯报警器,可使其清障作业时有明显的示警标志;清障车还有救援辅助照明功能,供夜间作业时使用。

第三节 清障车总体构造及技术参数

一、基本构造

清障车又称道路抢险车,是指装备有托举、牵拉、起重、背载等装置,用于清除道路障碍车辆的专用汽车。清障车的任务就是将事故车或故障车及时地拖离现场,确保道路畅通。清障车通常由专用底盘、专用作业装置、作业附件三大部分组成。

1 专用底盘

"底盘"这个专用名词是来源于商用车,其作用是保证清障车具有行驶功能,能使其实现快速的远距离转移。底盘的性能决定了清障车的基本性能。底盘分为一类底盘、二类底盘、三类底盘以及四类底盘。底盘分类说明及使用范围,详见表3-2所示。

底盘分类 表3-2

分类	说 明	使用范围
一类底盘	整车	可用于道路运输的车辆
二类底盘	完整车辆去掉货箱(车厢)及专用装置的机械整体	可供液化气槽车、各类槽罐车、汽车起重机、冷藏车、厢式车等专用汽车使用的底盘
三类底盘	完整车辆去掉车身或驾驶室、货箱(车厢)及专用装置的机械整体	供客车厂改装各类大中型客车使用
四类底盘	散件状态的三类底盘	用于组装三类底盘

目前我国清障车所选用的底盘并非真正意义上的专用底盘,主要是采用载货汽车的二类汽车底盘,主要由驾驶室、发动机、变速箱、车架、悬架(钢板弹簧、空气悬架等)、前后车桥、传动轴、制动系统等组成,可以独立行驶。载货汽车的二类底

盘在整车的结构布局和承力方式上有许多不满足清障车专用作业装置的布局需求。为了满足清障车的特殊要求，要对汽车底盘进行改装，一般主要涉及发动机、传动轴、制动系统、电器装置和其他附件的布置。清障车底盘的专用化，即"专用底盘"，是我国整个清障车行业发展的必然趋势。

对专用底盘的一般要求：

（1）在满足机动性的前提下，专用底盘的轴距应较长一些，以增大器材配置空间和托举机构的额定托举质量；

（2）对于专用作业装置的功能匹配，应按实际要求配备相应规格的取力器；

（3）对于配有电动绞盘的清障车，应考虑选择装配大容量蓄电池。

2 专用作业装置

专用作业装置包括平板机构、托举机构、起重机构以及支腿机构等其他专用机构。不同类型的清障车，根据作业对象的不同，所配置的专用作业装置也不同，其布置形式亦有差别。同时诸如发电机、升降灯等辅助作业装备，不一定所有的清障车上都有配置。常见的专用作业装置有：

（1）托举机构。清障车作业装置中最重要的执行部件，装备有托臂、承载类辅具等部件，能够完成托举作业的专用机构。

（2）起重机构。装备有吊臂、绞盘、吊钩等部件，通常用于起吊、绞盘牵拉等辅助清障作业，将远离清障车的车辆吊起或拖拉至预定位置。

（3）支腿机构。支腿机构在起吊和绞盘牵拉事故车辆时用于支撑地面，以提高整车的稳定性，防止清障车轮胎过载。支腿机构包括前支腿和后支腿等部件。

（4）平板机构。平板机构是平板型清障车参与救援工作的主要部件，可实现被救车辆的背载运输。平板机构包括平板、副车架、滑梁、滑块、平板升降油缸、平板伸缩油缸等部件。

（5）牵引机构。装备有绞盘、钢丝绳、拖钩等部件，通常用于绞盘牵拉辅助清障作业，将远离清障车的车辆拖拉至预定位置。牵引机构往往是起重机构的重要组成部分。

3 作业附件

作业附件是指完成托举牵引（拖曳）、牵引拖牵（硬拖）、起吊、绞盘牵拉（拖拽）等各类清障救援工作的工具，通过使用和组装不同形式的辅具，可以实现对各种不同故障或事故车辆的救援。作业附件有承载类辅具、牵引类辅具、破拆类辅具、吊装类辅具、消防类辅具等。不同类型的清障车，根据作业对象的不同所配置的作业附件在数量、种类上均有所差异。

（1）承载类辅具。清障车随车配备常规作业用的必备作业附件，以保证被托车辆的托牵行驶。承载类辅具有抱胎托举装置、托叉托举装置、专用辅助车轮等。

（2）牵引类辅具。牵引类辅具主要用于清障车拖牵故障车的行驶，一般分为硬连接牵引（俗称"硬拖"）和软连接牵引（俗称"软拖"）两种方法。牵引类辅具分为软连接牵引装置和硬连接牵引装置。

（3）破拆类辅具。破拆类辅具用于将被困、卡、夹、压于事故车内的人员营救出来，或将因碰撞变形后"粘"在一起的车辆分离。按结构和功能分为扩张器、剪切器、剪扩器、撑顶器等。

（4）吊装类辅具。吊装类辅具（或称"吊索"）是用于连接起重机构的吊钩和被吊装设备。吊索主要有金属吊索和合成纤维吊索两大类。若必须用吊装方式装卸时，需用专用吊具装卸，以防损伤作业对象。

（5）消防类辅具。消防类辅具是清障车不可或缺的重要组件，主要用于易燃、可燃液体、气体及带电设备的初期火灾。例如泡沫灭火器、干粉灭火器等。

二 主要技术参数

清障救援人员需掌握清障车主要的技术参数，包括尺寸参数、性能参数。根据不同车辆类型选择不同吨位和类型的清障救援装备。

1 尺寸参数

（1）托臂有效长度（mm）：当托臂处于水平位置时，垂直于清障车纵向轴线的平面从托举中心开始沿托臂上轮廓线无阻挡地向前平行移动的最大距离。

（2）后托距（mm）：托举中心至清障车后轴中心垂直平面的距离。

（3）平板机构的最小作业角度（°）：在正常工作状态下，平板机构与地面形成的最小夹角。

（4）平板长宽（mm）：是指平板背载型清障车的平板机构最外围纵向、横向的数据。

2 性能参数

（1）额定托举质量（kg）：托举中心处于不同位置时清障车所允许托起的最大质量。

（2）最大托举质量（kg）：托臂有效长度为最小值时清障车的额定托举质量。

（3）原地托举质量（kg）：支起后支腿，托臂有效长度为最小值时清障车允许托起的最大质量。没有后支腿的车辆，原地托举质量等于最大托举质量。

（4）最大托牵质量（kg）：清障车允许托牵的最大质量。

（5）额定起吊质量（kg）：起重机构在各种工况下安全作业所允许起吊物体的最大质量。

（6）最大起吊质量（kg）：起重臂处于正常工作条件下，允许起吊物体的最大额定起吊质量。

（7）最大平板装载质量（kg）：平板机构在正常工作条件下，允许承载的最大质量。

（8）绞盘额定牵引质量（kg）：牵引机构安全作业所允许牵引物体的最大质量。

（9）最大总质量（kg）：整车整备质量、最大托举质量或加上平板机构的最大装载质量、额定乘员质量之和。

此外，通常所说的3t清障车、5t清障车、8t清障车、20t清障车等规格的清障车，实际上是指该种清障车采用的底盘的承载能力（即"载质量"或者"有效载荷"的等级），其与被牵引车辆总质量在能力上有一定的关系，但无必然的联系，总质量越大，清障车的作业能力也相应要大。

三 基本技术要求

本节介绍清障车的外廓尺寸限值、最大允许总质量限值、最大允许轴荷限值及其他有关要求。

1 外廓尺寸限值要求

《汽车、挂车及汽车列车外廓尺寸、轴荷及质量限值》（GB 1589—2016）中明确规定清障车的宽度和高度不应超过表3-3所要求的最大限值。货车及半挂牵引车的长度限值为12000mm，但对清障车的长度未明确要求。

外廓尺寸最大限值单位（mm） 表3-3

长 度	宽 度	高 度
相关标准要求	2550	4000

2 最大允许轴荷及总质量限值要求

清障车各轴最大允许轴荷不超过13000kg，最大允许总质量不应超过55000kg。清障车各单轴的轴荷及总质量的最大限值，如表3-4所示。

轴荷及质量最大限值（kg） 表3-4

车辆形式		轴荷最大限值	总质量最大限值
二轴	前每侧单胎	8000	20000
	后每侧双胎	12000	
三轴	前每侧单胎	8000	34000
	后每侧双胎	13000	
四轴	前每侧单胎	9000	44000
	后每侧双胎	13000	
五轴	前每侧单胎	9000	55000
	后每侧单胎	11000	
	后每侧双胎	13000	

3 其他要求

清障车的最大托牵质量小于或等于其最大总质量。清障车在托牵状态下，前轴轴荷大于或等于最大总质量的15%，其行驶速度不得超过30km/h。清障车的托举质量与托牵质量的比值大于或等于20%。

四 基本技术参数实例

清障救援人员需掌握清障车专用作业装置的具体技术参数。按车身结构分类，举例平板型和托吊型清障车的基本技术参数。

1 平板型

背载、托牵作业是平板型清障车必备功能，操作人员需掌握平板机构、托举机构等专用作业装置的基本技术参数，实例如表3-5所示。

平板型清障车技术参数 表3-5

作业装置	技术指标	具体参数
平板机构	长（mm）×宽（mm）	8000×2490
	主板倾斜角（°）	17
	副板倾斜角（°）	8
	平板最大承载质量（kg）	8000
	绞盘额定牵引质量（kg）	8000
	钢丝绳长度（mm）	30
托举机构	托臂最大有效长度（mm）	1600
	额定托举质量（kg）	6700
	全伸出最大托举质量（kg）	3500
	额定托牵质量（kg）	15795

2 托吊型

起吊、托牵是托吊型清障车必备功能。操作人员需掌握起重机构、托举机构等专用作业装置的基本技术参数，实例如表3-6所示。

托吊型清障车技术参数　　　　　　表3-6

作业装置	技术指标	具体参数
起重机构	最大起吊质量（kg）	1500
	最大起吊高度（mm）	3630
	吊臂伸缩行程（mm）	1600
	绞盘额定牵引质量（kg）	4000
	钢丝绳长度（mm）	21
托举机构	托臂最大有效长度（mm）	1750
	全伸出最大托举质量（kg）	1500
	额定托牵质量（kg）	4495

第四节　清障作业基本原理

目前清障车上的专用作业装置大多数是以专用底盘自身的发动机为动力源。发动机输出动力经过取力器，驱动齿轮液压油泵，液压油泵经液压多路换向阀控制产生高压液压油。通过控制多路换向阀各执行部件操纵手柄，分配给托举机构、平板机构、起重机构、支腿机构等工作装置的功能油缸或液压马达，以驱动各工作装置完成托举、平板伸缩、平板倾斜、牵引、变幅、起吊等救援作业所需的各种动作。此外，清障专项作业也有通过气动系统辅助控制绞盘气动离合，或蓄电池直接控制电动绞盘等方式操纵牵引机构，实现钢丝绳快速收放、定滑轮牵引等工况，从而提升作业效率和保障作业安全。

清障车专用作业装置的工作原理，如图3-17所示。

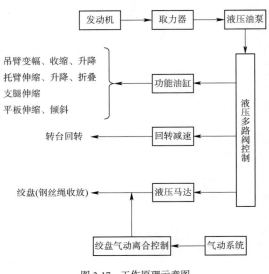

图3-17　工作原理示意图

第五节 专用作业装置

清障车是一种个性化极强的产品。其底盘的各项技术相当成熟,通过确定轴荷、轴距、发动机等主要参数及总成,就基本可以确定其吨位参数。对于专用作业装置,即使同吨位级,不同改装厂生产的专用作业装置,其技术参数也不尽相同。本节主要介绍托举机构、起重机构、平板机构、牵引机构等常见专项作业装置的结构形式和功能。

一、托举机构

托举机构作为连接清障车与被清障车的关键结构,是主要承载部件,通常具有折叠、升降、伸缩等功能。托臂是托举机构最重要的部件之一,可完成被托车辆的托举作业。根据托臂与吊举的关系,可分为托吊分离型、托吊连体型。根据托臂升降方式,可分为杆系型、道轨型。根据托臂长度变化,可分为不可伸缩、可伸缩式。根据托臂的是否折叠,可分为折叠型、不折叠型。

以某托吊分离型托臂为例,托臂主要由垂直臂、水平臂和摆臂三大部分组成。其中,水平臂由水平基本臂、水平伸缩臂组成。水平伸缩臂包括第一伸缩臂和第二伸缩臂。托臂结构如图3-18所示。

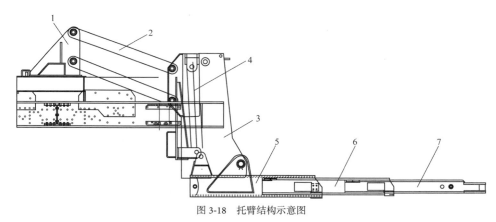

图3-18 托臂结构示意图

1-连杆前支座;2-连杆;3-垂直臂;4-水平臂变幅油缸;5-水平基本臂;6-第一伸缩臂;7-第二伸缩臂

连杆前支座1固定在清障车副车架后部。连杆2设有上下两对,两对连杆的两端均分别与连杆前支座1和垂直臂3铰接。水平臂包括水平基本臂5、第一伸缩臂6和第二伸缩臂7。水平臂变幅油缸4的缸体固定在垂直臂3内,水平臂变幅油缸4的推杆与水平基本臂5的后部铰接。水平基本臂5的中部与垂直臂3铰接。第一伸缩臂6与水平基本臂5滑动连接。第二伸缩臂7与第一伸缩臂6滑动连接。

根据机构的托举能力,托臂可分为超重型、重型、中型、轻型和微型。托臂类型与托举质量关系,如表3-7所示。

托臂类型与托举质量关系　　　　表 3-7

托臂类型	最大托举质量（kg）	被托车辆类型	托臂最大有效长度（mm）
超重型	≥10000	8×4 等	2800
重型	5000~10000	重型货车、客车	≥2000
中型	2500~5000	中型货车、客车	≥1500
轻型	1100~2500	越野车、轻型货车	
微型	≤1100	微型车、轿车	

二　起重机构

起重机构装备有吊臂、绞盘、吊钩等部件，通常用于起吊、绞盘牵拉等辅助清障作业，将远离清障车的车辆吊起或拖拉至预定位置。

以吊臂旋转的托吊分离型为例，起重机构包括转台、吊臂基本臂、吊臂伸缩臂、绞盘、吊钩等部件，结构如图 3-19 所示。

吊臂基本臂和吊臂伸缩臂合称为吊臂。转台在清障车中发挥着十分重要的作用，转台的回转部分与车架平台相连，上铰点与吊臂基本臂相连接。吊臂安装于转台上部，能够实现回转、变幅、伸缩以及绞盘钢丝绳的收放等动作；吊臂配合绞盘和动力装置可实现对故障车辆的起吊、侧拽、扶正等辅助清障作业。

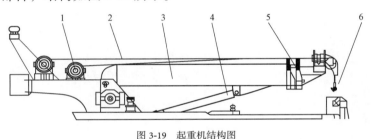

图 3-19　起重机构结构图

1- 绞盘；2- 钢丝绳；3- 吊臂基本臂；4- 吊臂变幅油缸；5- 吊臂伸缩臂；6- 吊钩

起吊作业过程中，清障救援人员应依据具体机型的起重特性曲线确定其臂长。起重特性曲线表示吊臂起重量与幅度的关系曲线（图 3-20），它规定了在某一幅度下，安全起吊的最大起重量。

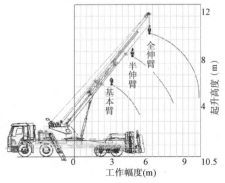

图 3-20　起重特性曲线

三　平板机构

平板机构是指配有绞盘，或具有倾斜、伸缩等功能，能够牵引、装载汽车或其他机械设备的平台装置。主要由平板、副车架、滑梁、滑块、平板升降油缸、平板伸缩油缸等部件组成，如图 3-21 所示。

副车架 2 是各个专用作业装置的安装基础，是平板 1 滑动的支撑骨架。通过滑梁 3 与副车架滑块 4 之间的滑动连接，平板伸缩油缸 6 推动清障平板前后滑动；平板升降油缸 5 推动副车架 2 实现平板倾斜；平板采用花纹底板，以防止背载对象打滑。清障车在不同的路面作业时，平板机构的最小作业角度小于或等于12°。

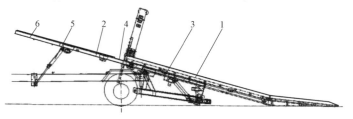

图3-21 平板机构

1-平板；2-副车架；3-滑梁；4-滑块；5-平板升降油缸；6-平板伸缩油缸

四 牵引机构

牵引机构是指将远离清障车的车辆拖拉至预定位置的牵拉装置，可在事故现场或雪地、沼泽、沙漠、海滩、泥泞山路等恶劣环境中进行自救和施救。其主要由绞盘、钢丝绳、吊钩组成。绞盘是牵引机构的关键组件，按其动力源的不同可分为液压绞盘和电动绞盘两种。

1 电动绞盘

电动绞盘（图3-22）依靠车辆自身的电力驱动，在车辆熄火情况下也可短时间正常使用，且安装简单、能够实现多位置安装及迅速移位。由于车辆自身电力系统局限性、自身易发热等原因，往往不能长时间使用，大部分电动绞盘能够提供的驱动力较小。

2 液压绞盘

液压绞盘（图3-23）依靠液压马达驱动，其动力来源于底盘取力器驱动的液压泵。其优点是能够持续提供较大的拉力，单次使用时间长（不存在发热问题）；缺点是必须使用发动机动力，在发动机停机时无法使用。

图3-22 电动绞盘

图3-23 液压绞盘

此外，钢丝绳收放装置应能自锁，在卷筒上钢丝绳应排列整齐，不得出现乱绳和扭曲现象。钢丝绳在收放过程中不得脱离滑轮槽面或发生卡滞，与钢丝绳接触的构件不得损伤钢丝绳。

由于空间布局的限制，在中小型清障车中，牵引机构常作为起重机构的组成部分之一。同时由于多绞盘作业的需要，清障车还配置单独布置的牵引机构。按绞盘布置形式，清障车分为单绞盘、双绞盘、四绞盘、六绞盘以及七绞盘等几种。通常液压绞盘固定于副车架前端或吊臂基本臂处，单绞盘、双绞盘布置形式较为常见。

以七绞盘布置结构举例，在救援清障车吊臂上安装四个绞盘，在车身两侧和前部各安装一个绞盘，形成七绞盘（图3-24），以提升救援清障车救援能力与工作安全性。在转台上沿纵梁方向前后并列安装有两个第一组绞盘装置6,吊臂的两侧对称安装有两个第二组绞盘装置5;副车架上左右并排安装有两个第三组绞盘装置4。此外,在底盘前保险杠处增加一个绞盘,通过附加支架和底盘车架连接,使之成为七绞盘布置。该绞盘能够固定救援清障车自身,防止因被救车辆质量过大导致救援装备自身倾翻或被拉下去的二次事故。

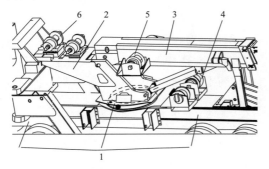

图 3-24　某绞盘布置结构图

1- 副车架；2- 转台；3- 吊臂；4- 第三绞盘装置；5- 第二绞盘装置；6- 第一绞盘装置

五　其他机构

1　支腿机构

起吊作业时,底盘主车架将受到较大的附加集中载荷,为了保证车架的强度和提高整车的起重能力,必须设置支腿机构。支腿机构主要功能是在起吊、侧拽、扶正故障车辆时替换轮胎支撑地面,增大跨距,以提高整车的抗倾翻能力。按支腿位置不同,支腿机构分为前支腿和后支腿。前支腿是由水平油缸、前固定支腿、前活动支腿、垂直油缸、撑脚等组成。后支腿是由垂直油缸、垂直支腿、水平支腿、撑脚等组成,如图 3-25 所示。常见的支腿形式有"A"形、"H"形、"摆腿式"三种。除吊臂旋转的托吊分离型外,其他型清障车的支腿机构仅有后支腿。

2　回转装置

回转装置作为回转定位的关键部件总成,可实现清障车吊臂 360° 回转或其自身 360° 自转向。以常见吊臂旋转的托吊分离型的吊臂回转为例,回转装置由回转机构、回转支撑、中心回转接头、吊臂支座等组成,如图 3-26 所示。其中,回转机构包括驱动装置(也称"液压马达")、制动装置(也称"制动器")、减速装置(也称"行星减速器")、执行装置(也称"输出齿轮")

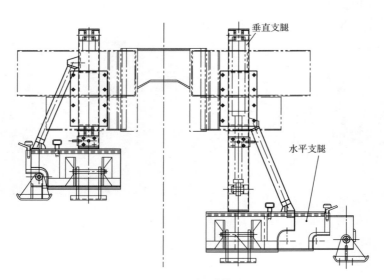

图 3-25　后支腿结构图

四部分组成。回转支撑由外圈、内圈及滚珠组成,内外圈可以相互转动。外圈通过螺栓与副车架固定连接,内圈通过螺栓与吊臂支座固定连接。

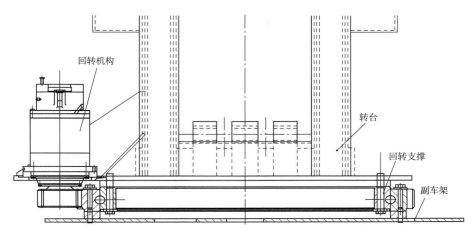

图 3-26 回转装置结构图

回转机构固定在吊臂支座上,与回转支撑外圈周边齿轮啮合。回转作业过程中,通过操纵回转手柄控制多路换向阀,向回转机构的液压马达分配液压油,以驱动回转机构带动回转支撑内圈及吊臂旋转。中心回转接头作为接通油路和电路的内部通道,分为上部旋转部分和下部不旋转部分。下部不旋转部分与回转支撑底座连接,上部旋转部分跟随吊臂支座回转。区别于汽车起重机,吊臂旋转的托吊分离型清障车未设置转台锁止装置。

此外,清障车自身360°自转向装置主要适用于隧道、高架桥等作业空间狭窄复杂环境下清障作业。回转装置的回转半径,因车型的不同而不同。

3 操纵装置

操纵装置由取力器控制开关、远程油门控制器、液压控制开关(也称"执行部件操纵手柄")、电气开关等部件组成,主要用来控制液压系统完成各种动作。其常规的控制方式为手动,也有通过有线或无线遥控来进行。通常在车身后部两侧有两个操纵箱,是安装液压操纵手柄的空间,可始终处于安全的一侧操纵。例如托吊型清障车的操作面板上有许多操作手柄,对应于吊臂变幅、吊臂伸缩、托臂折叠、托臂伸缩、前左支腿、前右支腿、后左支腿、后右支腿等作业动作。其他开关为绞盘的离合控制开关,主绞盘收放和侧绞盘收放的操纵位于遥控端,均有相应标识标明操作。

操纵装置的安装位置应使操作人员能方便地观察到作业的全过程,且保证操作人员处于安全位置,如图 3-27a)所示。所有操纵位置均设置明显的中文操纵指示标识,如图 3-27b)所示。

4 液压系统

液压系统主要由取力器、液压油泵、多路换向阀、平衡阀、双向液压锁、液压管路、液压油缸、液压马达、液压油箱等部件组成。

1 取力器

清障车主要是通过取力器来获取救援作业时所需的额外动力。取力器通常附加在变速箱的外侧,从变速箱的某个齿轮获取动力。这个动力的接通或断开(图 3-28)是通过驾驶室内的一个电磁阀来控制。取力器工作后,带动液压油泵,为清障车进行一系列的清障救援作业提供动力。

a) 处于安全位置

b) 操纵指示标识

图 3-27 操纵装置

图 3-28 取力器开关

根据控制方式的不同,取力器有机械控制、液压控制、气控、真空源控制、电控等操纵方式。其中,气控、机械控制较为常见。行驶中误按取力器控制开关时,应立即踩下离合器踏板,否则非常危险。

2 多路换向阀

以平板型清障车为例,其多路换向阀控制主要由平板升降油缸(起、落)控制阀、液压绞盘(牵、放)控制阀、平板伸缩油缸(收、放)控制阀、托臂举升油缸(起、落)控制阀、水平臂伸缩油缸(伸、缩)控制阀,以及溢流阀等并联组成。液压系统原理如图 3-29 所示。

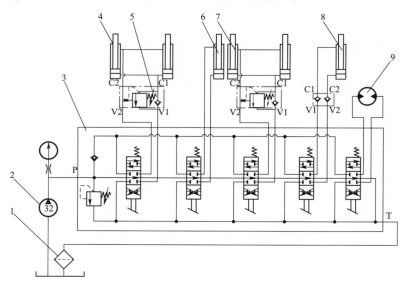

图 3-29 液压系统原理图

1-回油滤清器;2-液压泵;3-多路阀;4-平板升降油缸;5-单向平衡阀;6-平板伸缩油缸;7-托臂举升油缸;8-水平臂伸缩油缸;9-液压绞盘

多路换向阀（图3-30）上附装有安全溢流阀以防止液压系统超载。当液压系统油压高于溢流阀限值（16MPa）时，溢流阀将自动开启，液压油直接卸载回流至液压油箱。多路换向阀的一侧有远程油门控制器控制发动机转速，从而控制各个系统的动作快慢。正常行驶时，多路换向阀各操作手柄应处于中间位置。

图3-30 多路换向阀

3 液压油缸

托吊型清障车的吊臂、托臂等关键部件作业主要以吊臂变幅油缸、水平臂变幅油缸及水平臂伸缩油缸等执行机构工作实现。以吊臂变幅油缸为例，将吊臂变幅操纵手柄置于"起"的位置，吊臂变幅油缸活塞杆伸出，顶起吊臂，实现变幅，吊臂变幅油缸举升到额定行程后，高压油通过溢流阀和回油管流回液压油箱。反之，当把吊臂变幅操纵手柄置于"落"的位置，吊臂变幅油缸活塞杆被压回，带动吊臂落下，到达初始位置后，高压油通过溢流阀和回油管流回液压油箱。如要使吊臂停留在任何一个位置，只要在吊臂变幅油缸起或落到该位置时，松开吊臂变幅操纵手柄即可。

4 平衡阀

平板型清障车的平板升降油缸及托臂举升油缸的下端接有平衡阀，防止液压油缸在向下运动的过程中产生冲击，起到保压作用。在托吊型清障车的吊臂变幅油缸双缸之间安装有平衡阀，用来调整保持双缸之间的压力平衡，同时平衡阀具有保险作用。即当吊臂变幅油缸在举升或降落时，遇到液压管路破裂时，平衡阀能自动锁死，防止吊臂受力时急速落下。水平臂变幅油缸和水平臂伸缩油缸工作原理与吊臂变幅油缸相同。

5 电气系统

电气设备包括蓄电池、发电机与调节器、起动机、点火系统、仪表和指示系统、照明与信号系统（图3-31）、电子控制系统、辅助电器设备、线束等。这些设备构成了清障车电气系统，使清障车运行与驾驶更加简单、可靠、安全。其中，照明与信号系统区别于其他车辆，主要包括警示灯、高位行车信号指示灯以及侧标志灯，如图3-31所示。

图3-31 照明与信号系统
1- 警示灯；2- 高位行车信号指示灯；3- 侧标志灯

清障车警示灯分为工程黄（民用）和红蓝（警用）两种颜色。国家规定，清障车如需安装红蓝警灯，应在当地有关部门申请警灯使用证及办理相关手续。

（1）高位行车信号指示灯。清障车设置后置高位行车信号指示灯，对其他人及车辆起到警示作用。高位行车信号指示灯包括转向灯、制动信号灯以及倒车灯。其中，转向灯用于车辆转弯时警示车前或车后的行人或车辆，其颜色为黄色。制动信号灯（简称"制动灯"，俗称"刹车灯"），用来提醒后面的车辆本车已采取制动措施，其颜色为红色。倒车灯用于照亮车后道路和告知车辆和行人，车辆正在倒车或准备倒车，其颜色为白色。高位行车信号指示灯安装位置应在托牵状态下保证清晰的信号，其最大高度不超过 3800mm。

（2）侧标志灯。除了带驾驶室的底盘外，长度大于 6m 的车辆必须配备侧标志灯。在遇到减速、制动、故障或事故时，侧标志灯闪烁，以提醒途经的其他车辆，避免道路交通事故的发生。平板型清障车在平板左右外侧均设置三只侧标志灯，如图 3-32 所示。

图 3-32　侧标志灯

此外，最大托牵质量 $Q > 16t$ 的清障车应配置供被拖车辆使用的辅助制动装置和辅助行车信号指示灯。

6 工具箱

工具箱一般为金属结构，可用于放置清障车的修理工具、各种作业附件及其备件。工具箱布置的原则是：

（1）重型器材尽量置于下部。
（2）精密器材尽可能布置于前部，并视情况加装防震装置。
（3）使用频率高的器材布置在随手可及的地方。
（4）将一些不常用的器材放置在中部。

第六节　作业附件

作业附件是清障车进行清障和救援作业时必不可少的辅助器具，对提高清障和救援效率有极为重要的意义。在车辆制造成本增加不多，不影响整车性能的前提下，尽量多配置一些作业附件，增加清障车的功能，扩大其作业范围。

一　承载类辅具

承载类辅具（俗称"托具"）是清障车随车配备常规作业用的必要作业附件。按作业方式不同，可分为抱胎托举装置、托叉托举装置、专用辅助车轮等。

1 抱胎托举装置

抱胎托举装置（亦称"抱胎托架"）是指用于托举汽车轮胎进行托牵作业的辅助工具。通过销轴固定的方式安装在托臂的摆臂两侧，且结构左、右对称。按其结构形式不同，抱胎托举装置可分为 L 形和 U 形两类。

（1）L 形抱胎托举装置。L 形抱胎托

举装置由轮胎前托架（亦称"十字形套管"）和轮胎后托架（亦称"L形拖杆"）、挂钩、锁销等组成，其结构如图3-33所示。L形抱胎托举装置是清障车使用中最常见的作业附件。

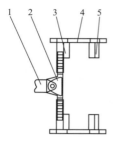

图3-33 L形抱胎托架结构

1- 水平伸缩臂；2- 摆臂；3- 轮胎前托架；4- 滑梁；5- 轮胎后托架

在摆臂2上有多个可横向调节宽度的销轴穿装孔；在轮胎后托架5前端以插装的方式通过连接销轴安装有轮胎前托架3，在轮胎后托架5与轮胎前托架3的插装配合段，有多个可调节滑梁4伸出长度的销轴穿装孔，以满足不同轮胎、不同轮距的需要。在轮胎后托架5前端内侧固定设置有轮胎后挡，在轮胎前托架3的后端内侧固定设置有轮胎前挡，轮胎前托架3和轮胎后托架5组合可实现夹持轮胎功能，并配有安全链条固定锁孔，便于被托车轮与托架绑扎固定。

（2）U形抱胎托举装置。U形抱胎托举装置由前托架（或称"U形托架"）、后托架（或称"托架后挡轴"）、挂钩、锁销等组成，其结构如图3-34所示。U形抱胎托举装置适合于中、重型车辆的前、后轮胎的托举作业，常见于大中型客车清障救援。

在摆臂1上配有可调节横向宽度的托架套2；在前托架3前端以插装的方式通过连接销轴安装于摆臂1两端，在后托架4与前托架3的插装配合段上有多个可调节的销轴穿装孔，以满足不同轮胎、不同轮距的需要。后托架4插装在前托架3的销轴穿装孔内锁销固定，用安全链条或捆绑带将轮胎锁牢，实现夹持轮胎功能。

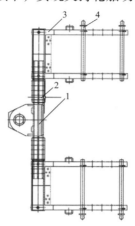

图3-34 U形抱胎托架结构

1- 摆臂；2- 托架套；3- 前托架；4- 后托架

2 托叉

托叉和叉座是用于托举汽车的车轴、纵梁或钢板弹簧进行托牵作业的辅助工具，是中、重型清障车必须配置的作业附件。托叉通过插入的方式安装于摆臂两侧的叉座中，且结构左、右对称。按叉举位置的不同，托叉分为车轴托叉、纵梁托叉、板簧托叉。顾名思义，其相应的托举位置是车轴、底盘纵梁的前端或后端、车轴上的弹簧钢板前铰点处。其中，车轴托叉（图3-35a）和纵梁托叉（图3-35b）由开U形缺口的叉板和销轴焊接而成。板簧托叉（图3-35c）由槽形叉、转轴和两根锁定杆组成。使用连接状态见图3-35d）。

叉座是连接固定托叉的支承座，由矩形套管、销轴孔、挂钩、弹簧插销等组成，如图3-36所示。按照支撑点和承载吨位的要求，选择相应的托叉装入叉座上的销轴孔。通过插在叉座上的托叉，托住被拖车辆的车轴、纵梁或钢板弹簧，再托举被托车辆。

 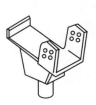 

a) 车轴托叉　　b) 纵梁托叉　　c) 板簧托叉　　d) 连接状态

图 3-35　托叉

3 专用辅助车轮

当被清障车辆无法松开驻车制动器，前后轮均被锁牢，或前后轴均损坏时，可利用专用辅助车轮直接将被清障车辆拖走。

专用辅助车轮由辅助轮支架、轮胎、轮架杆、弹簧锁销、加力杠杆（或称撬棍）等组成，适合于城区道路违章停放车辆的清障作业，如图 3-37 所示。

a) 叉座结构　　b) 叉座实体图

图 3-36　叉座

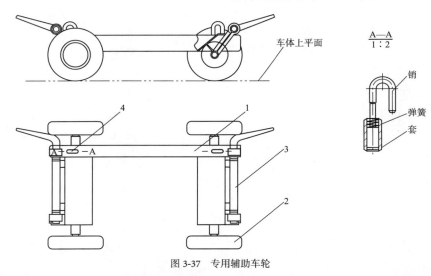

图 3-37　专用辅助车轮

1- 辅助轮支架；2- 轮胎；3- 轮架杆；4- 弹簧锁销

二 锁紧类辅具

锁紧类辅具包括捆绑带及紧固器、安全链条及锁紧器，主要用于背载或托牵作业时连接清障车和清障车辆，防止被清障车辆脱离清障车，是背载、托举以及托牵车辆行驶过程中，必须使用的安全保障方式。

1 捆绑带及紧固器

捆绑带和紧固器是辅助平板背载、抱胎托举、专用辅助车轮托牵等清障作业时成对配套使用的安全装置。捆绑带的作用是绑紧平放在平板或抱胎托举装置上的被清障车辆的轮胎，保障清障作业过程运行安全。

为了捆绑大小不同的轮胎，捆绑带一般为尼龙材质，常分为两种类型：一种是一端带钩，另一端呈自由状态，中间为三角形活动环，其长度较长，约为1300mm；另一种是一端带钩，另一端带三角形环，其长度较短，约为300mm。捆绑带钩上均带有防松脱装置，并常以"D"形环的方式绑紧轮胎，如图3-38所示。

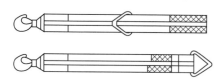
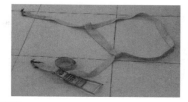

图3-38　轮胎捆绑带

紧固器由棘轮、卷带轴、开放支板、手柄等组成，如图3-39所示。捆绑时，捆绑带自由端头穿入紧固器卷带轴中并予拉紧，摆动手柄使卷带轴转动，收紧捆绑带将轮胎绑紧；松开时，将拇指扣握手柄，四指提升开放支板，转动手柄使紧固器展开呈"一"字形，松弛捆绑带。

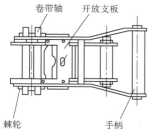

图3-39　紧固器

2 安全链条及锁紧器

在托牵作业时，必须使用安全链条将清障车与被清障车辆连接起来，以防止被清障车辆意外脱离。安全链条不能用作吊具使用。安全链条常分为单钩钢链（图3-40a）和双钩钢链（图3-40b）。其中，双钩钢链早期常用于被装载车辆被拖端下部未设置牵引钩环的情况，目前救援服务单位已经很少选配。

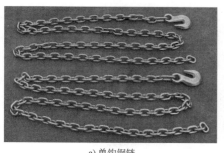

a) 单钩钢链

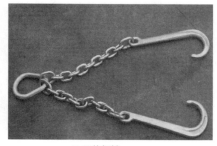

b) 双钩钢链

图3-40　安全链条

在托牵作业时，安全链条一端栓固在清障车后围板孔中，另一端绕过被托车辆的车轴、纵梁或者钢板弹簧处，并保证安全链条套在摆臂叉座的挂钩上。叉座的挂钩和车体之间的链条长度应留有足够的余量，以保证在车辆转弯和上下坡时被托车辆的自由转动。所使用的安全链条的强度等级要求见表3-8。

表3-8 安全链条的强度等级

被清障车辆总质量（kg）	每条链条的额定拉力（kN）	每条链条的最小破断力（kN）
< 2000	18	20
$2000 \leq G_a < 6000$	25	38
$6000 \leq G_a < 12000$	33	73
$12000 \leq G_a < 18000$	42	236
≥ 18000	52	236

此外，锁紧器（图3-41）一端为手柄，另一端为两根带钩的钢链铰接于手柄上。作业时，成对使用，带钩一端挂接于叉座上，另一端绕过被托车辆的车轴、钢板弹簧等，用锁紧器锁牢。

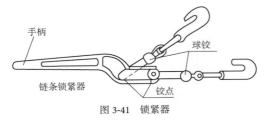

图3-41 锁紧器

三 牵引类辅具

1 软牵引工具

钢丝绳曾是最常见的软牵引工具，多用于无动力来源的车辆进行牵引。钢丝绳是先由多层钢丝捻成股，再以绳芯为中心，由一定股数的钢丝捻绕成螺旋状的绳。使用软连接牵引装置时，牵引车与被牵引车之间的距离应当大于4m，小于10m。因软牵引作业的危险性较大，目前道路交通管理部门严禁软牵引作业。

2 牵引架

由带环的硬拖杆（两根）、钩板、钢链、卸扣等组成，如图3-42所示。一端钩板铰接于清障车后部牵引钩上，另一端挂接于绕过被拖车辆的钢板弹簧或两纵梁的链条锁钩中。用牵引架拖牵作业时，应有效地保护好被拖车辆，避免划伤、碰损、摩擦等。目前牵引架应用场合较少，一般是根据用户需求配置。

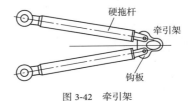

图3-42 牵引架

3 硬拖具

硬拖具（俗称"牵引杆"）由两只环座和一根无缝钢管焊接而成，如图3-43a）所示。硬拖具随车置于清障车侧下部，如图3-43b）所示。具有自身质量轻、牵引力大等特点。适用于无动力来源（即发动机、传动系等发生故障不能自行，而车轮、制动、转向等功能正常）的被清障车辆。使用硬拖具作业时，将其一端铰接于清障车后部支座上，另一端挂接于被牵引车辆牵引钩环位置，从而将清障车和被清障车辆连接起来。

a) 硬拖具

b) 硬拖具装车

图3-43 硬拖具

（四）破拆类辅具

破拆类辅具主要是用于交通事故救援时，将变形车辆内的被困人员救出，或者将碰撞变形后的车辆分离。按结构和功能分类，破拆类辅具包括扩张器、剪切器、剪扩器、撑顶器等；按动力源分类，主要有手动破拆工具、电动破拆工具、液压破拆工具等。

液压破拆工具，由于其操作简便、动力强劲等特点，是目前应用最为广泛的破拆类辅具之一。在此，以液压破拆工具为例进行简要介绍。常用的液压破拆工具包括液压扩张器、液压剪切器、液压剪扩器、液压救援顶杆等，主要是通过将高压能量转换为机械能进行破拆、升举。其工作时常配套液压泵（或机动泵、手动泵）及高压软管等。

1 液压扩张器

液压扩张器（图3-44）与液压泵（或机动泵、手动泵）配套使用，可实现扩张功能。扩张器重量轻，力量大，当发生交通事故时，通过控制扩张器的扩张、拉伸、撕裂、挤压及抬升来进行救援工作。

2 液压剪切器

液压剪切器（图3-45）与液压泵（或机动泵、手动泵）配套使用，可实现剪切功能。剪切器重量轻，剪切力量大，当发生交通事故时，可快速有效地剪断汽车金属或非金属结构件，达到救护的目的。

图3-44 液压扩张器

图3-45 液压剪切器

3 液压剪扩器

液压剪扩器，又称"液压多功能钳"（图3-46），与机动泵或手动泵配套使用，同时具有扩张和剪切功能。剪扩器重量轻、力量大，当发生交通事故时，其扩张和拽拉功能，可用于撬开车门、分离金属或非金属构件等，其剪切和夹持功能，可用于剪断汽车框架结构和其他金属或非金属结构件，达到救护的目的。

4 救援顶杆

救援顶杆（图3-47）与机动泵或手动泵配套使用，可实现有限空间连续强力拓展功能。当发生交通事故时，可根据需要，应用救援顶杆，对车辆局部进行支撑或举升。

图3-46 液压剪扩器

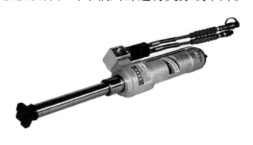

图3-47 救援顶杆

5 液压开门器

液压开门器（图3-48）用于将变形车门等金属结构件打开，以便施救人员实施救援作业。

图3-48 液压开门器

6 液压泵

当发生交通事故时，可通过液压机动泵（在易燃易爆场所可通过液压手动泵）连接高压软管，对各破拆工具实施动力供给，完成抢险救援工作中的扩张、拉伸、撕裂、挤压、剪切及抬升等动作，进行快速救援。

成套破拆设备组成如图3-49所示。

图3-49 成套破拆设备

五 吊装类辅具

吊装类辅具（亦称"吊索"）是用于连接被救车辆和清障车的辅助工具，包括非金属软性吊带和金属吊链、吊绳。非金属软性吊带主要有以锦纶、丙纶、涤纶、聚乙烯纤维为材料生产的绳类和带类吊索（亦称"吊带"）。金属吊链、吊绳主要有钢丝绳类吊索、链条类吊索等。

此外，在实际吊装作业过程中，为平衡吊索斜拉所致的横向力，常采用平衡梁装置（亦称"横吊梁"或"铁扁担"）辅助起吊，如图3-50所示。平衡梁为一根工字型截面梁或四支点固定式横梁框架，设置向上的吊耳与起重机构的吊钩相连，其四支点通过高强度尼龙吊带连接车辆的车轴或轮毂。

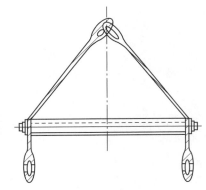

图3-50 平衡梁装置（吊具）

六 消防类辅具

为预防在救援过程由于碰撞、刮擦等引起的二次事故，清障救援车上常根据汽油或柴油的燃烧特性，配备适当的灭火剂等消防设备，以便发生火情时可及时对其进行扑救。适合汽车上配置使用的灭火器有泡沫灭火器（图3-51a）、干粉灭火器、二氧化碳灭火器等三种。

根据需要可选配水基型（水雾）灭火器（图3-51b），其在喷射后，成水雾状，可瞬间蒸发火场大量的热量，迅速降低火场温度，抑制热辐射；此灭火器中的表面活性剂可在可燃物表面迅速形成一层水膜，隔离氧气，具有降温、隔离双重作用，可以达到快速灭火的目的。

七 医疗类辅具

针对交通事故应急救援环境复杂的特点和伤员紧急救治的需求，清障救援车上也可配置多功能担架（图3-52）、脖颈固定气囊、医药急救箱(图3-53)、救援安全绳、海绵垫等模块化医疗救援工具。若是在夜间救援,还应携带发电机和移动式照明用具等照明设施。

a) 泡沫灭火器

b) 水基灭火器

图 3-51　灭火器

图 3-52　多功能担架

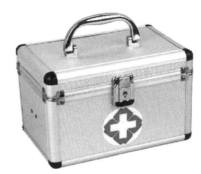

图 3-53　医药急救箱

多功能担架用于运送交通事故现场受伤人员,可垂直或水平吊运、水平抬运、在光滑地面拖拉,其使用方便、存储简单。

医药急救箱用于当人员受到意外伤害时,在专业医生赶到之前提供有效的紧急保护。医药急救箱中常配有防水创可贴、医用消毒湿布、弹性绷带、医用胶水、无菌纱布、急救夹板、医用剪刀、镊子等急救用品。

八　侦检类辅具

常用的侦检类辅具包括有毒气体探测仪、可燃气体探测仪、声呐探测仪等,其中有毒气体探测仪、可燃气体探测仪主要用于危险化学品泄漏事故中对可燃、有害物质的侦检,声呐探测仪或"声呐探测器"(图3-54)主要用于落水事故中对被救车辆、人员的水下探测和定位。

图 3-54　声呐探测仪

九 通信类辅具

救援现场往往瞬息万变,救援组织形式复杂多样,这就需要协调运转,通力合作。通信类辅具在这一过程中发挥着举足轻重的作用。特别是在市郊山区或者偏僻野外,少有基站服务覆盖,手机、电话、网络等常规通信手段无法实现时,卫星通信设备(图3-55)、对讲机(图3-56)等通信类辅具可以满足通信要求。

图 3-55　海事卫星电话

图 3-56　对讲机

第七节　清障车维护

一　专用底盘维护

1 传统燃油清障车专用底盘维护

传统燃油清障车专用底盘按照国家标准《汽车维护、检测、诊断技术规范》(GB/T 18344—2016)的要求进行日常维护、一级维护和二级维护等定期维护。

1 日常维护

汽车日常维护属于预防性维护作业,是各级维护的基础,由驾驶员在出车前、行车中、收车后负责执行,以清洁、补给和安全性能检视为中心内容作业:

(1)对汽车外观、发动机外表进行清洁,保持车容整洁;

(2)对汽车各部润滑油(脂)、燃油、冷却液、制动液、各种工作介质、轮胎气压进行检视补给;

(3)对汽车制动、转向、传动、悬挂、灯光、信号等安全部位和位置,以及发动机运转状态进行检视、校紧,确保行车安全。

通过日常维护,使汽车车容整洁,螺栓螺母不缺不松,油、汽、水、电等不渗不漏,轮胎气压正常,制动和转向系统灵活可靠、操纵轻便、润滑良好,发动机、底盘无异响异味,灯光、喇叭、刮水器、信号、仪表等工作正常。

2 一级维护

一级维护是由道路运输经营者或维修企业负责执行的车辆维护作业,其作业范围除日常维护作业外,以清洁、润滑、紧固为主要作业内容,并检查有关制动、操纵等等系统中的安全部件的工作状况。

车辆的一级维护周期通常按照行驶里程来确定,对于不便用行程里程统计、考核的车辆,可用行驶时间间隔确定,其时间(天)间隔可依据车辆使用强度和条件的不同,参照车辆维护的里程周期来确定。

一级维护的主要作业如下。

(1)清洁、补给作业:

①清洁或更换发动机空气滤清器、机油滤清器和燃油滤清器,使各滤芯清洁无破损、上下衬垫无残缺、密封良好、安装牢固。

②检查发动机润滑油及冷却液液面、转向器润滑油及转向助力油液面、制动液液面高度,视情况添加到规定高度;检查并清洁转向器、变速器、差速器的通气孔。

③清洁蓄电池外部,检查电解液液面高度,根据需要添加蒸馏水到规定高度,并保持其通气孔畅通,电桩夹头清洁、牢固。

(2)检查、调整作业:

①检查并调整储气筒,使其无积水及油污。

②检查并调整轮辋、压条挡圈,使其无裂损、变形。

(3)检查、紧固作业:

①检查并紧固万向节、横直拉杆、球头销和转向节等部位连接螺栓、螺母,保证各连接部位螺栓、螺母紧固,锁销、垫圈及胶垫完好有效。

②检查并紧固变速器、传动轴、驱动桥壳、传动轴支撑等部位连接螺栓、螺母。

③检查并紧固底盘传动系,尤其传动轴的十字轴、U形螺栓、中间支承万向节和其他传动部分螺栓紧固情况,使各部位连接可靠,密封良好。

④检查并紧固制动管路、制动阀及接头,使制动管路、制动阀固定可靠,接头紧固,无漏气(油)现象。

⑤检查并紧固车轮及半轴的螺栓、螺母。

⑥检查并紧固侧防护装置及后防护装置各连接螺栓。

(4)检查、润滑作业:

①检查全车各润滑点的润滑嘴安装正确、齐全有效。

②润滑转向器万向节十字轴、横直拉杆、球头销、转向节等部位。

③润滑传动轴万向节十字轴、中间轴承。

通过一级维护,使全车不漏油、不漏水、不漏气、不漏电、不漏尘,各种防尘罩齐全有效。

3 二级维护

二级维护是由道路运输经营者或维修企业负责执行的车辆维护作业,除一级维护作业外,以检查、调整转向节、转向摇臂、制动蹄片、悬架等经过一定时间的使用容易磨损或变形的安全部件为主,并拆检轮胎,进行轮胎换位,检查调整发动机工作状况和排气污染控制装置等。

二级维护时首先要进行检测,根据汽车技术档案的记录资料(车辆运行记录、维修记录、检测记录、总成修理记录等)和驾驶员反映的车辆使用技术状况(汽车动力性、异响、转向、制动及燃油/润滑油消耗等)确定所需的检测项目,然后依据所得的检测结果及车辆实际技术状况进行相应的故障诊断,并确定附加作业项目。

附加作业项目确定后,与基本作业项目一并进行,构成汽车的二级维护作业。维护过程中还应进行过程检验,并作检验记录,过程检验中各维护项目的技术要求应满足相应的技术标准或出厂说明书的有关规定。维护作业结束后,经维修企业竣工检验合格,由维修企业填写维护竣工合格证及汽车维护技术档案,完成汽车的二级维护。

二级维护作业内容包含一级维护作业内容,其主要的基本作业项目如表3-9所示。

二级维护基本作业项目　　　　　　　　　　表3-9

序号	作业项目		作业内容	技术要求
1		发动机工作状况	(1)检查发动机起动性能和柴油发动机停机装置; (2)检查发动机运转情况	(1)起动性能良好,停机装置功能有效; (2)低、中、高速运转稳定,无异响
2		发动机排放机外净化装置	检查发动机排放机外净化装置	外观无损坏、安装牢固
3		燃油蒸发控制装置	检查外观,检查装置是否畅通,视情更换	碳罐及管路外观无损坏、密封良好、连接可靠,装置畅通无堵塞
4		曲轴箱通风装置	检查外观,检查装置是否畅通,视情更换	管路及阀体外观无损坏、密封良好、连接可靠,装置畅通无堵塞
5		增压器、中冷器	检查、清洁中冷器和增压器	中冷器散热片清洁,管路无老化,连接可靠,密封良好。增压器运转正常,无异响,无渗漏
6	发动机	发电机、起动机	检查、清洁发电机和起动机	发电机和起动机外表清洁,导线接头无松动,运转无异响,工作正常
7		发动机传动带(链)	检查空压机、水泵、发电机、空调机组和正时传动带(链)磨损及老化程度,视情调整传动带(链)松紧度	(1)按规定里程或时间更换传动带(链); (2)传动带(链)无裂痕和过量磨损,表面无油污,松紧度符合规定
8		冷却装置	(1)检查散热器、水箱及管路; (2)检查水泵和节温器工作状况	(1)散热器、水箱及管路固定可靠,无变形、堵塞、破损及渗漏,箱盖接合表面良好,胶垫不老化; (2)水泵不漏水、无异响,节温器工作正常
9		火花塞、高压线	(1)检查火花塞间隙、积碳和烧蚀情况,按规定里程或时间更换火花塞; (2)检查高压线外观及连接情况,按规定里程或时间更换高压线	(1)无积碳,无严重烧蚀现象,电极间隙符合规定; (2)高压线外观无破损、连接可靠
10		进、排气歧管、消声器、排气管	检查进、排气歧管、消声器、排气管	外观无破损,无裂痕,消声器功能良好
11		发动机总成	(1)清洁发动机外部,检查隔热层; (2)检查、校紧连接螺栓、螺母	(1)无油污、无灰尘,隔热层密封良好; (2)油底壳、发动机支撑、水泵、空压机、涡轮增压器、进排气歧管、消声器、排气管、输油泵和喷油泵等部位连接可靠
12	制动系	储气筒、干燥器	(1)检查、紧固储气筒; (2)检查干燥器功能,按规定里程或时间更换干燥剂	(1)储气筒安装牢固,密封良好; (2)干燥器功能正常,排水阀通畅
13		制动踏板	检查、调整制动踏板自由行程	制动踏板自由行程符合规定
14		驻车制动	检查驻车制动性能,调整操纵机构	功能正常,操纵机构齐全完好、灵活有效

续上表

序号	作业项目	作业内容	技术要求
15	防抱死制动装置	检查连接线路，清洁轮速传感器	各连接线及插接件无松动，轮速传感器清洁
16	鼓式制动器	（1）检查制动间隙调整装置	功能正常
		（2）拆卸制动鼓、轮毂、制动蹄，清洁轴承位、轴承、支承销和制动底板等零件	清洁，无油污，轮毂通气孔畅通
		（3）检查制动底板、制动凸轮轴	（1）制动底板安装牢固、无变形、无裂损； （2）凸轮轴转动灵活，无卡滞和松旷现象
		（4）检查轮毂内外轴承	（1）滚柱保持架无断裂，滚柱无缺损、脱落； （2）轴承内外圈无损伤和烧蚀
		（5）检查制动摩擦片、制动蹄及支承销	（1）摩擦片表面无油污、裂损，厚度符合规定； （2）制动蹄无裂纹及明显变形，铆接可靠，铆钉沉入深度符合规定； （3）支承销无过量磨损，与制动蹄轴承孔衬套配合无明显松旷
		（6）检查制动蹄复位弹簧	复位弹簧不得有扭曲、钩环损坏、弹性损失和自由长度改变等现象
		（7）检查轮毂、制动鼓	（1）轮毂无裂损； （2）制动鼓无裂痕、沟槽、油污及明显变形
		（8）装复制动鼓、轮毂、制动蹄片，调整轴承松紧度、调整制动间隙	（1）润滑轴承，轴承位涂抹润滑脂后再装轴承； （2）装复制动蹄时，轴承孔均应涂抹润滑脂，开口销或卡簧固定可靠； （3）制动摩擦片与制动鼓擦面应清洁，无油污； （4）制动摩擦片与制动鼓配合间隙符合规定； （5）轮毂转动灵活且无轴向间隙； （6）锁紧螺母、半轴螺母及车轮螺母齐全，扭紧力矩符合规定
17	盘式制动器	（1）检查制动摩擦片和制动盘磨损量	制动摩擦片和制动盘磨损量应在标记规定或制造商要求的范围内，其摩擦工作面不得有油污、裂纹、失圆和沟槽等损伤
		（2）检查制动摩擦片与制动盘间的间隙	制动摩擦片与制动盘之间的转动间隙符合规定
		（3）检查密封件	密封件无裂纹或损坏
		（4）检查制动钳	（1）制动钳安装牢固、无油液泄漏； （2）制动钳导向销无裂纹或损坏
18	转向系	转向器和转向传动机构	（1）检查转向器和转向传动机构	转向轻便、灵活，转向无卡滞现象，锁止、限位功能正常
		（2）检查部件技术状况	（1）转向节臂、转向器摇臂及横直拉杆无变形、裂纹和拼焊现象； （2）球销无裂纹、不松旷； （3）转向器无裂损、无漏油现象
19		转向盘最大自由转动量	检查、调整转向盘最大自由转动量	最高设计车速不小于100km/h的车辆，其转向盘的最大自由转动量不大于15°，其他车辆不大于25°

续上表

序号	作业项目		作业内容	技术要求
20	行驶系	车轮及轮胎	（1）检查轮胎规格型号	（1）轮胎规格型号符合规定，同轴轮胎的规格和花纹应相同； （2）公路客车（客运班车）、旅游客车、校车和危险货物运输车的所有车轮及其他车辆的转向轮不得装用翻新的轮胎
			（2）检查轮胎外观	（1）轮胎的胎冠、胎壁不得有长度超过25mm或深度足以暴露出帘布层的破裂和割伤以及凸起、异物刺入等影响使用的缺陷； （2）具有磨损标志的轮胎，胎冠的磨损不得触及磨损标志； （3）无磨损标志或标志不清的轮胎，乘用车和挂车胎冠花纹深度应不小于1.6mm； （4）其他车辆的转向轮的胎冠花纹深度应不小于3.2mm，其余轮胎胎冠花纹深度应不小于1.6mm
			（3）轮胎换位	根据轮胎磨损情况或相关规定，视情进行轮胎换位
			（4）检查、调整车轮前束	车轮前束值符合规定
21		悬架	（1）检查悬架弹性元件，校紧连接螺栓、螺母	（1）空气弹簧无泄漏、外观无损伤； （2）钢板弹簧无断片、缺片、移位和变形，各部件连接可靠，U形螺栓螺母扭紧力矩符合规定
			（2）减振器	（1）减振器稳固有效，无漏油现象； （2）橡胶垫无松动、变形及分层
22		车桥	检查车桥、车桥与悬架之间的拉杆和导杆	（1）车桥无变形、表面无裂痕、油脂无泄漏； （2）车桥与悬架之间的拉杆和导杆无松旷、移位和变形
23	传动系	离合器	（1）检查离合器工作状况； （2）检查、调整离合器踏板自由行程	（1）离合器接合平稳，分离彻底，操作轻便，无异响、打滑、抖动及沉重等现象； （2）离合器踏板自由行程符合规定
24		变速器、主减速器、差速器	（1）检查、调整变速器	（1）变速器操纵轻便、挡位准确，无异响、打滑及乱挡等异常现象； （2）主减速器、差速器工作无异响
			（2）检查变速器、主减速器、差速器润滑油液面高度，视情更换	按规定的里程或时间更换润滑油，液面高度符合规定
25		传动轴	（1）检查防尘罩	（1）防尘罩无裂痕、损坏； （2）卡箍连接可靠； （3）支架无松动
			（2）检查传动轴及万向节	（1）传动轴无弯曲，运转无异响； （2）传动轴及万向节无裂损、不松旷
			（3）检查传动轴承及支架	（1）轴承无松旷； （2）支架无缺损和变形
26	灯光导线	前照灯	检查远光灯发光强度，检查、调整前照灯光束照射位置	符合《机动车运行安全技术条件》（GB 7258—2012）规定
27		线束及导线	检查发动机舱及其他可视的线束及导线	（1）插接件无松动、接触良好； （2）导线布置整齐、固定牢靠，绝缘层无老化、破损，导线无外露； （3）导线与蓄电池桩头连接牢固，并有绝缘套

续上表

序号	作业项目		作业内容	技术要求
28	车架车身	车架和车身	（1）检查车架和车身	（1）车架和车身无变形、断裂及开焊现象，连接可靠，车身周正； （2）发动机罩锁扣锁紧有效； （3）车厢铰链完好，锁扣锁紧可靠，固定集装箱箱体、货物的锁止机构工作正常
			（2）检查车门、车窗启闭和锁止	（1）车门和车窗应启闭正常，锁止可靠； （2）客车动力启闭车门的车内应急开关及安全顶窗机件齐全、完好有效
29		支撑装置	检查、润滑支撑装置，校紧连接螺栓、螺母	完好有效，润滑良好，安装牢固
30		牵引车与挂车连接装置	（1）检查牵引销及其连接装置	（1）牵引销安装牢固，无损伤、裂纹等缺陷； （2）牵引销颈部磨损量符合规定
			（2）检查、润滑牵引座及牵引销锁止、释放机构，校紧连接螺栓、螺母	（1）牵引座表面油脂均匀，安装牢固； （2）牵引销锁止、释放机构工作可靠
			（3）检查转盘与转盘架	（1）转盘与转盘架贴合面无松旷、偏歪； （2）转盘与牵引连接部件连接牢靠； （3）转盘连接螺栓应紧固； （4）定位销无松旷、无磨损； （5）转盘润滑
			（4）检查牵引钩	（1）牵引钩无裂纹及损伤； （2）锁止、释放机构工作可靠

2 纯电动清障车专用底盘维护

纯电动清障车专用底盘的维护，除了诸如转向、制动系统的常规维护与传统燃油汽车相同之外，依据《纯电动汽车维护、检测、诊断技术规范》（JT/T 1344—2020）进行维护，其电动系统专用装置维护主要有：

1 日常维护

电动系统专用装置日常维护作业项目和要求，如表3-10所示。驾驶员在日常维护过程中发现异常应及时报修。

电动系统专用装置日常维护作业项目和要求 表3-10

序号	作业项目	作业要求
1	仪表、信号指示装置	（1）检查仪表外观及指示功能，仪表应完好有效，指示功能应正常； （2）检查信号指示装置，信号指示应无异常声光报警和故障提醒； （3）检查电池荷电状态（SOC）示值或参考行驶里程示值情况，示值应符合车辆维修保养手册的规定
2	驱动电机系统	（1）检查运行工作状况，运行应平稳，且无异常振动和噪声； （2）检查系统外观及连接管路，表面应清洁，管路应无渗漏现象
3	冷却系统	（1）检查风冷过滤网外观，过滤网应洁净、无破损； （2）检查运行工作状况，运行过程中应无异常噪声和渗漏现象； （3）检查冷却液液面高度，液面高度应符合车辆维修保养手册的规定
4	充电插孔	（1）检查充电插孔外观，插孔应无烧蚀、异物，插座应清洁、干燥； （2）检查防护盖，防护盖应锁闭完好
5	电器舱、电池舱	（1）检查电器舱舱门和电池舱舱门的关闭状态，舱门锁闭应完好有效； （2）鼻嗅检查，舱体周围应无刺激、烧焦等异味

2 一级维护

除完成日常维护作业外，开展交流内阻检查、充放电测试、开箱检测等，主要维护内容见表3-11。

电动系统专用装置一级维护作业项目和要求　　　　表3-11

序号	作业项目		作业要求
1	整车绝缘		检查整车绝缘电阻监测系统，绝缘电阻监测系统无报警，如存在异常情况，参照附录A进行检查并记录，绝缘电阻应符合 GB 18384 的规定
2	动力蓄电池系统	工作状况	（1）检查仪表显示的 SOC、电压、电流、温度等示值，示值应符合车辆维修保养手册的规定； （2）检查电池箱压力阀的外观，阀体应无破损和堵塞
		外观	（1）检查电池舱舱盖，电池舱舱盖应锁闭正常且无变形； （2）检查电池箱壳体表面，壳体表面应无异常变形和破损，无磕碰及损坏，无异味和异常渗漏； （3）检查电池托架结构表面，电池托架结构表面应无异常断裂、变形和锈蚀； （4）检查系统表面是否存在积尘或杂物，对存在积尘或杂物的，应使用风枪或毛刷进行清洁，外表面应无明显积尘或杂物，且干燥； （5）检查电池外部高低压接口，高低压接口内部应无水迹、烧蚀等痕迹，低压通信接口端子应无变形或松动现象； （6）检查高压线束及接插件，高压线束应无破损，与车辆运动部件无干涉，接插件清洁、无破损； （7）检查动力蓄电池管理系统壳体、连接线束及接插件，壳体及连接线束应清洁、干燥，接插件完好，线路布设无干涉
		冷却系统	（1）检查冷却液高度，视情补给或更换冷却液，液面高度应符合车辆维修保养手册的规定； （2）检查冷却管路固定情况，软管与硬管连接处无异常渗漏，管路布设无干涉； （3）检查散热器或冷却装置的外观，外观应清洁，连接管路应固定可靠且无异常泄漏
3	驱动电机系统	外观	（1）检查驱动电机箱体、减速器箱体及驱动电机控制器壳体外表面，外表面应无明显积尘、渗漏或裂纹，且应清洁、干燥； （2）检查高压线束，线束应无破损和老化现象，接线柱无氧化腐蚀现象； （3）检查连接线束，线束应清洁、干燥且线路布设无干涉
		冷却系统	（1）检查冷却液液面高度，视情补给或更换冷却液，液面高度应符合车辆维修保养手册的规定； （2）检查冷却管路的固定情况，软管与硬管连接处应无异常渗漏，管路布设无干涉
		润滑系统	检查润滑系统，视情补给或更换润滑油脂，润滑油液位或润滑脂使用应符合车辆维修保养手册的规定
4	高压配电系统		（1）检查各系统配置及系统箱体外表面是否存在积尘或杂物，对存在积尘或杂物的，应使用风枪或毛刷对箱体外部、内部各装置及相关插接件表面等进行清洁，外表面应无积尘或杂物，且干燥； （2）检查主开关通断情况，主开关通断功能应有效，开关动作灵活，无卡滞现象，并紧固熔断器接线螺母，熔断器接线螺母应固定牢靠
5	高压维修开关		（1）检查维修开关工作状态及外观，应无松动发热现象，无烧蚀变形； （2）检查插拔、通断连接情况，插拔、通断过程中应无卡滞现象
6	车载充电机		（1）检查充电机外表面是否存在积尘或杂物，对存在积尘或杂物的，应使用风枪或毛刷进行清洁，外表面应无积尘或杂物，且干燥； （2）检查充电工作状态，充电连接配合正常，充电保护有效
7	电源变换器		检查变换器外表面是否存在积尘或杂物，对存在积尘或杂物的，应使用风枪或毛刷进行清洁，外表面应无积尘或杂物，且干燥

续上表

序号	作业项目	作业要求
8	电动空气压缩机	（1）检查电机运行状况，电机运行应无异响； （2）检查电机机体和控制器壳体等外表面是否存在积尘或杂物，对存在积尘或杂物的，应使用风枪或毛刷进行清洁，外表面应无积尘或杂物，且干燥； （3）检查连接线束、接线柱，线束应无破损老化，接线柱应无氧化腐蚀； （4）检查控制器连接线束，线束应清洁、干燥且布线规范； （5）检查电机润滑系统，视情补给或更换润滑油脂，润滑油液位或润滑油脂使用应符合车辆维修保养手册的规定； （6）检查电动空气压缩机管路，管路应无漏气现象； （7）检查空气滤清器或油滤清器，并按规定里程或时间更换滤清器，滤清器应清洁且无破损
9	转向系统	（1）检查转向电机工作状况，电机运行应无异响； （2）检查电机机体和控制器壳体外表面是否存在积尘或杂物，对存在积尘或杂物的，应使用风枪或毛刷进行清洁，外表面应无积尘或杂物，且干燥
10	空调系统	（1）检查空调系统风机工作状况，风机运转应正常，且无异响； （2）检查系统各管路连接情况，各管路应连接可靠且无松动； （3）检查电动空调压缩机、正温度系数（PTC）加热器、蒸发器及冷凝器等外表面是否存在积尘或杂物，对存在积尘或杂物的，应使用风枪或毛刷进行清洁，外表面应无明显积尘或杂物，且干燥； （4）检查系统连接管路外表面，管路应无渗漏、破损
11	电除霜器	检查电除霜器外表面，外表面无尘土杂物堵塞
12	充电插孔	（1）检查保护盖开启和锁闭情况，保护盖的开启锁闭功能有效； （2）检查充电插孔接插情况，接插应可靠无松脱； （3）检查充电插孔外表面，表面应无异物、烧蚀及生锈痕迹，插座内部应干燥、清洁
13	整车线束、接插件	（1）检查整车线束外表面，线束绝缘层应无老化、破损，且无裸露； （2）检查整车接插件外表面是否存在积尘或杂物，对存在积尘或杂物的，应使用风枪或毛刷进行清洁，外表面应无积尘或杂物，且干燥
14	制动能量回收系统	检查制动能量回收系统工作状况，仪表显示的制动能量回馈信息应正常有效
15	高压警告标记	检查高压警告标记是否完好、规范、清晰，粘贴是否牢固、无脱落

3 二级维护

使用诊断仪对电动系统专用装置进行进厂检验，读取故障码并确定应维护的项目。除完成一级维护作业外，根据驾驶员反馈的车辆技术状况和电动系统专用装置进厂检验结果，确定电动系统专用装置附加作业项目。增加的作业项目和要求，见表3-12。

电动系统专用装置二级维护增加的作业项目和要求　　表3-12

序号	作业项目	作业要求
1	动力蓄电池系统	（1）检查系统安装固定情况，紧固动力蓄电池箱体及托架、动力蓄电池管理系统箱体等固定螺栓，紧固力矩应符合车辆维修保养手册的规定； （2）检查高压线束、接线柱等连接固定情况，线束及接线柱的连接应固定可靠、无松脱；紧固动力蓄电池及动力蓄电池管理系统的正负极接线柱固定螺栓，紧固力矩应符合车辆维修保养手册的规定； （3）检查线束固定情况、接插件连接情况，线束应固定可靠、无脱落，接插件应锁紧可靠； （4）根据车辆维修保养手册要求进行气密性检查，系统气密性符合车辆维修保养手册的规定

续上表

序号	作业项目	作业要求
2	驱动电机系统	（1）检查系统安装固定情况，紧固力矩应符合车辆维修保养手册的规定； （2）检查高压线束、接线柱等连接固定情况，线束及接线柱的连接应固定可靠、无松脱；紧固驱动电机的三相接线柱、电机控制器的三相接线柱及正负极接线柱的固定螺栓，固定螺栓的紧固力矩应符合车辆维修保养手册的规定； （3）检查线束固定情况、接插件连接情况，线束应固定可靠无脱落，接插件应锁紧可靠； （4）视情或按维修保养手册规定里程及时间要求更换轴承； （5）检查电机高压接线盒内部状况，接线盒内部应干燥、无冷凝水
3	高压配电系统	（1）检查系统安装固定情况，紧固高压配电装置及系统箱体的固定螺栓，紧固力矩应符合车辆维修保养手册的规定； （2）检查高压线束、接线柱等连接固定情况，线束及接线柱的连接应固定可靠、无松脱； （3）检查线束固定情况、接插件连接情况，线束应固定无脱落，接插件应锁紧可靠
4	高压维修开关	检查固定情况，紧固固定螺栓，紧固力矩应符合车辆维修保养手册的规定
5	车载充电机、电源变换器	（1）检查机体安装固定情况，紧固固定螺栓，紧固力矩应符合车辆维修保养手册的规定； （2）检查高压线束及其接插件之间的连接固定情况，线束及接线柱的连接应无松脱
6	电动空气压缩机	（1）检查电机机体和控制器壳体安装情况，紧固安装固定螺栓，紧固力矩应符合车辆维修保养手册的规定； （2）检查高压线束、接线柱等连接固定情况，紧固电机三相接线柱固定螺栓，紧固力矩应符合车辆维修保养手册的规定； （3）检查控制器线束固定情况、接插件连接情况，线束及接线柱的连接应无松脱
7	转向系统	（1）检查转向电机机体和控制器壳体安装固定情况，紧固力矩应符合车辆维修保养手册的规定； （2）检查高压线束、接线柱等连接固定情况，紧固转向电机的三相接线柱、电机控制器的三相接线柱及正负极接线柱的固定螺栓，紧固力矩应符合车辆维修保养手册的规定； （3）检查控制器线束固定情况、接插件连接情况，线束应固定无脱落，接插件应锁紧可靠
8	空调系统、电除霜器	检查部件安装固定情况，固定螺栓的紧固力矩应符合车辆维修保养手册的规定
9	整车线束、接插件检	查线束固定情况和接插件连接情况，线束固定可靠、无脱落，接插件应锁紧可靠

3 专用底盘作业装置维护

除了对清障车专用底盘维护外，还应对其专用救援作业装置进行定期的维护，并注意以下事项。

（1）在清障作业前，应检查各机构的紧固情况，凡不符合要求的均应按规定紧固。

（2）清障作业时，应无异常现象，如有异常现象，应立即停机，检查调整，修复后再工作。

（3）清障车各部件的润滑，应按规定的周期及润滑剂牌号进行。

（4）新出厂的清障车在磨合期间，其行驶速度应限制在最高行驶速度的1/2以内。

（5）清障车作业达到5000~6000h应由专业维修厂进行一次修整，清除各种隐患，其主要项目有：

①对起重机构减速机、回转机构减速机进行总体解体、清洗、检查、调整并排除故障。

②检查调整液压泵、液压马达、液压油缸、阀等液压元件的工作情况，拆洗液压元件，并检查元件内部的损伤情况，修复或更换损伤件及密封件。

③检测各主要部件及易损件磨损情况，如滑轮、卷筒、齿轮、钢丝绳、滑块、轴承等，并视情况进行修复更换。

④对回转支撑进行拆检，滚道有损伤的进行修复或更换。

⑤检查各部件，如吊臂、转台、支腿等有无裂纹和永久变形，如有则进行更换。

⑥经修整后的清障车应按产品出厂检验要求进行调试并重新涂装。

二 专用作业装置维护

对于清障车专用作业装置，除了对整个作业系统的定期维护以外，还需对其关键部件进行专门的维护。包括专用作业装置定期维护、关键部件维护并掌握专用装置常见故障及排除方法。

1 专用作业装置定期维护

专用作业装置应按以下方法进行维护：

① 日常检查

（1）出车前，查看液压系统的阀、缸、接头管路是否有泄漏，如有泄漏应进行紧固或更换密封件，必要时更换泄漏的液压件。

（2）查看托举机构、牵引机构及作业附件部分是否有损坏、脱落现象，检查各部件连接螺杆是否松动。

（3）检查液压油箱液位计，重点关注液压油的变色情况及液压油所在位置。以液压油不变色、液压油位在刻度尺一半为标准。专用作业装置每月或使用250次后，应对各润滑点加注润滑脂。液压油缸活塞杆禁止涂润滑脂。

（4）举升平板机构，检查线路和液压油管是否有摩擦痕迹。

② 一级维护

专用作业装置使用期六个月内要进行一级维护。

（1）一级维护作业内容包含日常维护作业内容。

（2）检查液压油，保证液压油的清洁和最佳效果。液压油通常工作200h换油一次。换油时排净各工作油缸的存油，并清洗液压油箱。加注液压油后，液压油泵应低速运转，将吊臂伸缩油缸、吊臂变幅油缸、水平臂变幅油缸、垂直臂升降油缸、水平臂伸缩油缸往返运动2~3次，液压绞盘正反转动2圈左右，以保证液压系统中的空气从油箱盖放气孔中全部排出。液压油箱内油量应保持在油尺刻度线上限、下限之间。加注液压油时必须使用精度不低于25μm的过滤器进行过滤。

（3）拆开液压油箱过滤器的上盖，检查滤芯的整洁性，如有杂质或破损，应进行清洁或更换。

③ 二级维护

专用作业装置使用期一年内要进行二级维护。

（1）二级维护作业内容包含一级维护作业内容。

（2）检查液压系统油压状况，调整油压至随车说明书要求的正常使用范围。

（3）对液压系统的多路换向阀进行清洗。

（4）自查完之后更换液压油。

（5）参照底盘使用说明书，完成对底盘的维护。

2 关键部件维护

① 钢丝绳

（1）应防止钢丝绳损坏、腐蚀，或其他物理条件、化学条件造成的性能降低。

（2）钢丝绳开卷时，应有防止绳股散开的措施。钢丝绳切断时，不应在不洁净的地面上拖拽，也不应绕在其他物体上，应防止划、磨、碾压和过度弯曲。

（3）钢丝绳应保持良好的润滑状态。所用的润滑剂应符合该绳的要求，并且不影响外观检查。每月应将液压绞盘的钢丝绳全部放出，用机油擦洗一遍。

（4）换钢丝绳时，必须检查该钢丝绳

的合格证，以保证其机械性能和规格符合设计要求。

（5）对日常使用的钢丝绳每天都应进行检查，包括端部的固定连接、滑轮处的贴合情况，并做出安全性的判断。钢丝绳闲置一个月及以上，需重新使用时，应进行一次彻底的检查。

❷ 吊钩

吊钩禁止补焊。有下列情况之一的吊钩，应予报废：

（1）用20倍放大镜观察表面有裂纹或破口。

（2）螺栓危险截面有永久性变形。

（3）挂绳处断面磨损量超过原高的5%。

（4）开口度比原尺寸增高10%。

❸ 滑轮

有下列情况之一的滑轮，应予报废：

（1）裂纹或轮缘破损。

（2）焊接滑轮的磨损量超过轮缘板厚的20%。

（3）其他滑轮的槽底磨损量超过钢丝绳直径的25%。

❹ 回转减速机

（1）每日进行目视检查，特别检查减速机的密封性。

（2）定期检查设备的异常噪声。

（3）定期检查油位。

（4）工作满150h后进行第一次换油。

（5）工作满1500h或12个月（先到为准）更换一次润滑油。

❺ 吊臂

清障车吊臂的起重作业达到150h后，应进行如下检查和维护：

（1）放出液压油，清洗油箱，清洗或更换滤芯，过滤或更换液压油。

（2）检查各部分有无漏油、漏水、漏气、漏电现象，并进行调整修复。

（3）调整、紧固各部分连接螺栓。

（4）调整、校正各安全机构的灵敏度和可靠性。

吊臂的起吊作业达到1250~1500h后，应进行如下检查和调整：

（1）检查伸缩臂各节臂侧向单面最大平均间隙，如大于2.5mm，应调整滑块，使之达到标准。

（2）检查各部分内的润滑油，添加润滑油及液压油。

（3）检查调整各安全装置的正确性、灵敏度、可靠性。

（4）检查钢丝绳的磨损情况，如果在80mm长度内发现5根钢丝破断或在420mm长度内发现10根钢丝破断，必须更换钢丝绳。

3 专用作业装置常见故障及排除方法

清障车专用作业装置的常见故障及排除方法，如表3-13所示。

清障车专用作业装置的常见故障及排除方法　　　　表3-13

序号	故障	原因	排除方法
1	清障设备无动作	（1）取力器离合器未接合	接合离合器
		（2）液压油泵联轴器扭断	更换联轴器
		（3）液压系统无压力	溢流阀芯小孔堵塞
		（4）液压油泵进油孔进空气	检查渗漏处，紧固接头，必要时更换密封件
2	液压油路漏油	（1）接头松动	拧紧接头
		（2）密封件损坏	更换密封件
		（3）管道破裂	更换

续上表

序号	故障	原因	排除方法
3	油压升不上来	（1）油箱液压油过低或吸油管堵塞	加油或检查
		（2）溢流阀开启压力过低	调整溢流阀
		（3）液压油泵排量不足	加大发动机转速
		（4）压力油管和回油管路串通或元件泄漏大	检修油路，各阀、回转接头、液压马达处
		（5）油泵损坏或泄露过大	检修油泵
4	液压油路噪声严重	（1）管道内存有空气	多动作几次，排除空气
		（2）油温过低	低速转动油泵，提高油温
		（3）管路及元件紧固不牢	紧固
		（4）滤油器堵塞	更换滤芯
		（5）油箱油液不足	加油
5	液压油路发热严重	（1）内部泄油过大	检修元件
		（2）压力过高	调节溢流阀
		（3）环境温度过高	停车冷却
		（4）液压油量不足	加油
6	变幅油缸自动缩回	（1）平衡阀内漏	检修
		（2）油缸内部漏油	检修更换活塞上的密封件
7	动作有振动、爬行现象	（1）油缸内有空气	动作几次，排出空气
		（2）平衡阀调整不当	检修
8	空载油压过高	（1）液压管路有异物堵塞；（2）滤油器堵塞	排除异物
9	支腿收放失灵	双向液压锁失灵	检修双向液压锁
10	起吊时，支腿自动缩回	双向液压锁中的单向阀密封性不好，油缸内部漏油	检修双向液压锁 检修活塞上的密封元件
11	噪声过大	系统油压过高	检查溢流阀是否堵塞或系统油压是否过高，重新调整或更换溢流阀
		进油管路堵塞吸油不畅	检查从液压油箱到液压油泵的进油口之间的各元件（滤网、滤清器、接头、管路）是否有堵塞现象，必要时加以清除或更换
		系统内有空气存在	检查油箱内的回油管和进油管是否都浸没在液面之下，必要时加注液压油至规定液面
		油液黏度过高或液压油污染程度严重	检查液压油是否正常，必要时更换
		泵零部件损坏或过度磨损	检修或更换液压油泵
12	发动机负载情况下熄火	（1）发动机速度过低；（2）系统油压过高	调整发动机转速 调整液压系统压力（16MPa）
13	液压油过热	（1）液压油液面高度过低；（2）液压油污染程度严重或油液黏度过高	补加液压油到适当高度 将原油排出，换油和清洗滤清器（必须加注规定的液压油）

83

第四章
常用道路车辆清障救援装备

　　本章讲述平板型清障车、托吊型清障车、皮卡式清障车、汽车起重机以及叉车等常见清障救援装备的基本结构与工作原理。

　　清障车、汽车起重机、叉车，结构形式和清障救援功能各不相同。例如用于高等级公路、市区道路的清障救援装备主要有平板型清障车和中、重型吊臂旋转的托吊分离型清障车；用于地下车库救援的有皮卡式清障车，其能迅速地将被清障车辆托牵至安全位置或指定区域。此外，复杂环境特殊条件下作业还有其他特种清障救援设备的应用，例如超大吨位汽车起重机用于坠崖、侧翻等复杂环境救援；叉车用于道路交通违章快速清理。道路车辆清障救援从业人员应结合实际工作需求，掌握上述常见清障救援装备的基本结构及主要功能。

第一节 平板型清障车

平板型清障车也称为平板背载型清障车,主要用于道路故障或事故车辆的救援、城市违章车辆的清理。

一、平板型清障车的分类

1. 按功能类型分类

按平板型清障车救援功能类型的不同,可分为平板一托一型和平板一托二型。

(1)平板一托一型。平板一托一型是专用平板背载型清障车的一种,仅具备图4-1a)所示的背载运输功能。

(2)平板一托二型。平板一托二型是较为常见的平板背载型清障车,同时具备背载和托牵运输功能,如图4-1b)所示。

a) 背载运输功能

b) 托牵运输功能

图 4-1 平板型清障车救援功能

2. 按平板结构分类

按平板型清障车平板结构的不同,可分为非折叠式平板型清障车、折叠式装载平板型清障车、全落地式装载平板型清障车、随车吊平板型清障车以及其他个性化结构清障车。

(1)非折叠式平板型清障车。非折叠式平板型清障车(图4-2a)为早期产品,在装载被清障车辆过程中,平板易与被清障车辆的前悬发生碰撞现象,从而损坏被清障车辆,现基本已停止使用。

(2)折叠式平板型清障车。折叠式平板型清障车(图4-2b)通过折叠机构调整平板与地面的夹角,克服被清障车辆前悬与平板、后悬与地面发生碰撞现象,保护被清障车辆免受损伤。

(3)完全落地式平板型清障车。完全落地式平板型清障车(图4-2c)具有伸缩及翻转控制机构,平板可以完全地落于地面,水平地放置在地面上,以便于清障车在作业过程中可以快捷、无损地将被清障车辆背起。

(4)随车吊平板型清障车。随车吊平板型清障车(图4-2d)在平板的前段安装一个随车吊。其集吊装功能和背载运输功能于一身,能够提供装、运、卸全套服务。该型清障车最大起吊能力一般在5~8t之间,通常整车总质量在8t以上。

(5)其他个性化结构清障车。其他个性化结构清障车包括固体厢式装载平板型清障车（图4-2e）、活动厢式装载平板型清障车（图4-2f）、固体篷布式装载平板型清障车（图4-2g）、活动篷布式装载平板型清障车（图4-2h）、双层式装载平板型清障车（图4-2i）、半挂式装载平板型清障车（图4-2j）及其他形式的装载平板型清障车。

a) 非折叠式装载平板型清障车

b) 折叠式装载平板型清障车

c) 完全落地式装载平板型清障车

d) 随车吊平板型清障车

e) 固体厢式装载平板型清障车

f) 活动厢式装载平板型清障车

g) 固体篷布式装载平板型清障车

h) 活动篷布式装载平板型清障车

i) 双层式装载平板型清障车

j) 半挂式装载平板型清障车

图4-2 平板清障车的类型

二 基本结构

以平板一托二型清障车为例,其结构由专用底盘、托举机构、平板机构、牵引机构、作业附件、液压系统、操纵装置、电气部分等组成,结构如图4-3所示。通常平板型清障车的总质量在4.5~16t之间,轴距在3.3~5.6m范围内。

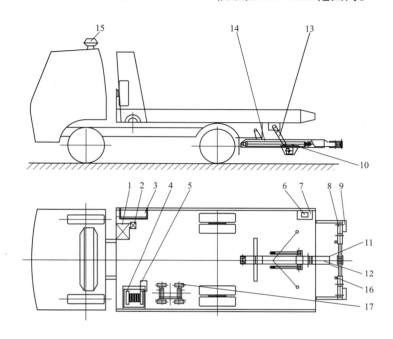

图4-3 平板一托二型清障车结构

1-取力器;2-齿轮油泵;3-液压油箱;4-液压马达;5-液压绞盘;6-多路换向阀;7-远程油门控制器;8-前托架;9-后托架;10-水平臂伸缩油缸;11-摆臂;12-水平伸缩臂;13-托臂举升油缸;14-水平基本臂;15-警示灯;16-弹簧销;17-专用辅助车轮

图4-3中,水平基本臂14后端与托臂举升油缸13相连接,其前端与底盘主车架的后端或副车架活动连接,由具体结构布置确定;水平伸缩臂12套在水平基本臂14内,通过水平臂伸缩油缸10将两者连接在一起;水平伸缩臂12的后端与摆臂11活动连接,摆臂可实现上下移动和摆动。

1 托举机构

托举机构是清障车作业装置中最重要的执行元件,借助于各液压油缸的伸缩动作,能够实现折叠、升降及伸缩等运动,从而完成清障任务。托举机构由托臂、轮胎前、后托架等部分组成,如图4-4所示。其中,托臂由水平基本臂、水平伸缩臂以及摆臂等组成。

2 平板机构

平板机构主要由平板、副车架、滑梁、滑块、平板升降油缸、平板伸缩油缸等组成,如图4-5所示。其中,副车架是各个专用作业装置的安装基础,能够将各部件的集中载荷均匀地分布到底盘车架上,改善底盘受力状况。副车架与底盘主车架的后端活动(铰接)连接,滑梁在副车架上前后滑动,通过平板升降油缸和伸缩油缸带动平板倾斜和前后移动。在正常工作状态下,平板机构与地面形成的最小夹角称为平板机构的最小作业角,通常在6°~10°。

图 4-4 托举机构

图 4-5 平板机构

3 牵引机构

牵引机构由液压绞盘、液压马达、钢丝绳、拖钩等部件组成，如图 4-6a）所示。液压绞盘（图 4-6b）一般固定在平板前端，通过液压马达驱动液压绞盘转动，经过滑轮组，实现钢丝绳收放，最终将被清障车辆牵拉到平板上。车辆正常行驶的时候应当将钢丝绳拖钩紧挂于清障车平板扣中。

a) 牵引机构

b) 液压绞盘

图 4-6 牵引机构

4 作业附件

平板型清障车随车配备的作业附件包括 L 形抱胎托举装置（图 4-7a）、托叉、专用辅助轮（图 4-7b）等承载类辅具，捆绑带与紧固器等锁紧类辅具，牵引杆（图 4-7c）等牵引类辅具等。

a) L形抱胎托举装置

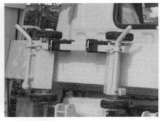
b) 专用辅助车轮

c) 牵引杆

图 4-7 作业附件

5 其他系统

（1）液压系统。液压系统主要由取力器、液压油泵、多路换向阀、平衡阀、液压锁、管路、液压油缸、液压马达、液压油箱等部件组成。其作用是为功能件、运动件提供可靠的执行动力源。发动机的动力经变速器、取力器驱动液压油泵工作。液压油泵将液压油箱的油液通过粗过滤和加压输送到多路换向阀。通过多路换向阀分别输送给各油缸或液压马达，从而实现托举机构、平板机构等工作机构的各项工况动作。其中，液压锁仅对油路有锁止作用，无平稳作用；平衡阀对油路具有锁止和平衡双重作用。

（2）操纵装置。操纵装置主要由取力器控制开关、远程油门控制器、液压控制开关、电气开关等部件组成，其用来控制液压系统完成各种动作。常规的控制方式以手动为主。以常奇牌平板型清障车为例，液压控制开关包括平板伸缩操纵手柄（黄色）、平板升降操纵手柄（黄色）、绞盘收放操纵手柄（红色）、伸缩臂伸缩操纵手柄（黑色）、后托臂升降操纵手柄（黑色），如图4-8所示。

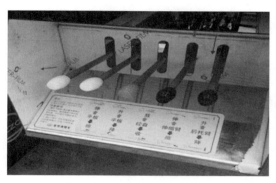

图4-8 操作装置

（3）电气系统。平板型清障车安装的电子设备约占整个清障车设备的15%以上，这些电气设备的应用使清障车的功能更加趋向完善。清障车上通常有5种主要的信号灯，分别为转向信号灯、制动信号灯、倒车信号灯、警示灯及一些辅助灯。警示灯位于驾驶室顶部，对前后车辆和行人起警示作用。

三 工作原理

平板型清障车的作业装置为全液压操纵，其动力来源于专用底盘发动机，主要是经过安装在变速器上的取力器将动力传递给液压油泵。油泵输出高压油，流经多路换向阀，然后到达各油缸或液压马达等执行元件，从而实现各工作机构的运动。其工作原理，如图4-9所示。

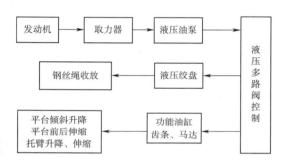

图4-9 平板型清障车工作原理示意图

多路换向阀由平板升降油缸（起、落）控制阀、液压绞盘（牵、放）控制阀、托臂举升油缸（收、放）控制阀，水平臂伸缩油缸（伸、缩）控制阀，以及溢流阀等并联组成。各个部件的动作均由多路换向阀操纵手柄控制。操纵手柄设置在车辆后部左右两侧工具箱内，每一侧的操纵手柄均可实现全功能操作。操纵手柄旁边的标志牌上清楚地标明了控制手柄的用途和动作方向。

第二节 托吊型清障车

托吊型清障车作为清障车中比较常见的类型，其在托举、托牵（拖曳）等功能基础上，增加了起吊和牵拉（拖拽）等拓展功能。总质量介于2.5~55t之间，大部分分布于4.5~31t之间。轴距（第一轴至最后轴）在3.3~7.8m范围内，轴距越长，托举能力越大。

一 基本结构

托吊型清障车主要由专用底盘、副车架、起重机构、托举机构、牵引机构、支腿机构、液压系统、操作装置、电气部分、作业附件等组成。其中,副车架由槽形纵梁与横梁焊接而成,与专用作业装置主车架通过螺栓连接或铆接。副车架主要用于专用作业装置的安装和布置,能够将专用作业装置的自重和所受外力均匀地传递给底盘主车架。托吊型清障车的液压系统、操作装置、电气部分等结构和功能与平板型清障车类似,不再赘述。

在此仅介绍较为常见的托吊连体型和吊臂旋转的托吊分离型清障车。

1 托吊连体型

托吊连体型清障车由专用底盘、副车架、起重机构、托举机构、支腿机构以及其他机构组成,其结构如图4-10所示。其中,起重机构由液压绞盘、吊臂基本臂、吊臂伸缩臂、变幅油缸、吊臂伸缩油缸、钢丝绳、吊钩等组成。通常托吊连体型清障车的牵引机构采用液压绞盘驱动,常作为起重机构一部分出现;吊臂带一节伸缩臂结构,也有不带吊臂伸缩臂的情形。

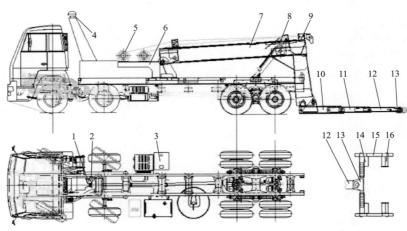

图 4-10 托吊连体型清障车结构图

1- 取力器;2- 齿轮油泵;3- 液压油箱;4- 警示灯;5- 液压绞盘;6- 吊臂支座;7- 吊臂基本臂;8- 变幅油缸;9- 吊臂伸缩臂;10- 水平臂;11- 第一伸缩臂;12- 第二伸缩臂;13- 摆臂;14- 轮胎前托架;15- 滑梁;16- 轮胎后托架

托举机构主要由垂直臂、水平臂、摆臂等部分组成。托吊连体型的垂直臂上端与吊臂基本臂7连接,垂直臂的下端与水平臂10活动链接,水平臂10通过置于垂直臂中的水平臂变幅油缸实现折叠收放,通过置于水平臂中的伸缩油缸实现伸缩收放。

2 吊臂旋转的托吊分离型

区别于托吊连体型清障车,吊臂旋转的托吊分离型清障车(以下简称"旋转吊")的起重机构与托举机构不连接,转台带动吊臂可360°回转。由专用底盘、副车架、起重机构、牵引机构、托举机构、支腿机构以及其他机构组成,其结构如图4-11所示。其中,回转装置作为起重机构回转的核心部件,通过螺栓与副车架固定连接。吊臂通过主轴固定在转台上,吊臂可以绕主轴在一定范围内起吊。通常吊臂为两节臂或三节臂,且可自由伸缩。转台后座上安装两个液压绞盘,协助吊臂实现拖拽和起吊的功能。

第四章 常用道路车辆清障救援装备

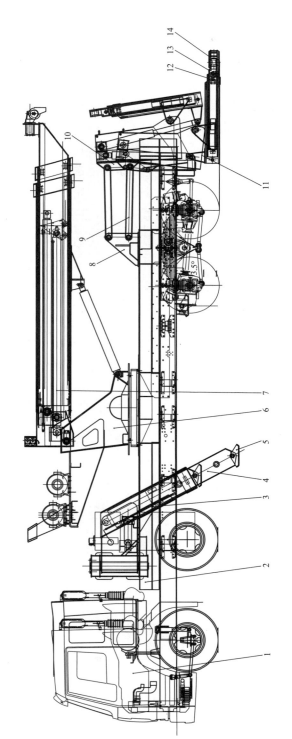

图 4-11 吊臂旋转的托吊分离型结构示意图

1-底盘；2-副车架；3-前支腿；4-前支腿伸缩腿；5-前支腿撑脚；6-转台；7-吊臂；8-连杆前支座；9-连杆；10-垂直臂；11-水平臂；12-伸缩臂二；13-伸缩臂一；14-摆臂

区别于汽车起重机，旋转吊的起重机构通过牵引机构不仅能够垂直起吊作业对象，而且可以牵拉（拖拽）作业对象，这也是汽车起重机提升机构与旋转吊牵引机构的不同之处。通常旋转吊配置两绞盘，因工作需要也有配四绞盘、六绞盘。

旋转吊的支腿机构由前支腿及后支腿组成。其中，前支腿常采用A形支腿，具有较大的支撑跨度；后支腿一般为H形支腿。前支腿除了A形支腿，还有摆动式支腿和H形支腿。旋转吊起吊作业时必须将支腿全部伸出，并能与地面可靠接触。旋转吊的托举机构与托吊连体型结构类似，区别在于其垂直臂不与吊臂连接，单独安装于副车架后部，并另设有垂直臂升降油缸，实现托举机构的升降功能，此处不再赘述。

二 工作原理

托吊型清障车同样是通过安装在变速器上的取力器将发动机动力传递给液压油泵，并通过控制阀将液压油泵产生的高压液压油分别输送给各油缸或液压马达，从而实现吊臂、托臂、支腿以及转台等工作机构的运动。工作原理示意图见图4-12。

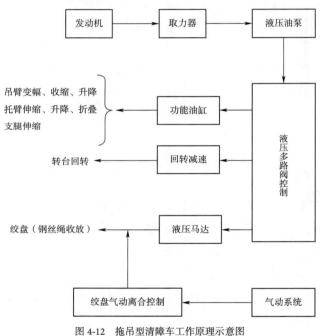

图4-12　拖吊型清障车工作原理示意图

第三节　皮卡式清障车

皮卡式清障车作为一种轻型多功能清障车，适用于高速公路日常巡逻，道路拥堵条件下利用应急通道对小型客车或微型货车进行快速救援清障，以及常规清障车无法进入的地下车库等狭窄受限环境下的清障作业。

一 基本结构

皮卡式清障车是在常规皮卡车的基础上，通过增加道路清障所需的专用作业装置，形成的具有牵拉、起吊、拖曳等功能于一体的轻型专用清障车，能够完成对违章及故障车辆的清障作业。

皮卡式清障车属于托吊连体型清障车范畴，主要包括皮卡底盘、起重机构、牵引机构及托举机构。其中，起重机构包括吊臂变幅臂、吊臂变幅油缸。托举机构包括水平臂变幅油缸、托臂垂直臂、水平臂、水平臂伸缩油缸、摆臂以及夹紧装置。牵引机构采用电动绞盘，实现事故现场或雪地、沼泽、沙漠、海滩、泥泞山路等恶劣环境中进行自救和施救。其结构示意图，如图4-13所示。

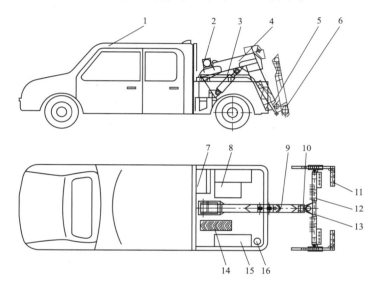

图4-13 皮卡式清障车结构示意图

1-底盘；2-绞盘；3-吊臂变幅油缸；4-吊臂变幅臂；5-水平臂变幅油缸；6-水平臂伸缩油缸；7-动力单元；8-工具箱；9-垂直臂；10-水平臂；11-托臂后托架；12-托臂前托架；13-摆臂；14-备胎；15-配重；16-灭火器

图4-13中，吊臂变幅臂4前端与支座顶端铰接，其后端与水平臂变幅油缸5的油缸座底部铰接，吊臂变幅油缸3的油缸座底部与支座下部铰接，其活塞杆与吊臂变幅臂4底面中部铰接，水平臂变幅油缸5的活塞杆与水平臂10前端铰接，水平臂10为后端开口、前端封闭的中空结构，水平臂伸缩油缸6安装在水平臂10中，水平臂伸缩油缸6的油缸座底部与水平臂10的前端内壁铰接，其活塞杆与水平臂10前端铰接，水平伸缩臂后端与摆臂13前端水平转动连接，摆臂13后端与夹紧装置连接。

二 工作原理

打开液压油泵站电源开关，操作遥控器按钮（图4-14），电动机工作带动油泵旋转，产生的高压油流入多路换向阀。多路换向阀由吊臂变幅油缸（起、落）控制阀、水平臂变幅油缸（收、放）控制阀、水平臂伸缩油缸（伸、缩）控制阀，以及溢流阀等并联组成。

1 起重机构

按下遥控器上的"吊臂起"按钮，吊臂变幅油缸活塞杆伸出，顶起吊臂，实现变幅，吊臂变幅油缸举升到额定行程后，高压油通过溢流阀流回液压油箱。反之按下遥控器上的"吊臂落"按钮，吊臂变幅油缸活塞杆被压回，带动吊臂落下，到达初始位置后，高压油通过溢流阀流回液压油箱。

在吊臂变幅油缸上安装有单向平衡阀，其主要是用来平衡油路内的压力，即当托臂托举重物降落时，使得油缸回油腔具有一定的压力来平衡进油腔，以便油缸的回收动作能较为平稳地完成；同时平衡阀还起到安全保护作用，即当吊臂变幅油缸在举升或降落时，遇到进油管或回油管破裂，平衡阀能够自动锁死，以便保持油缸内的油压。

2 托举机构

托举机构配备自动抱胎夹具（图4-15）。按下遥控器上的"托臂放"按钮，水平臂变幅油缸活塞杆被压回，带动水平臂由竖直方向向水平方向转动，将水平臂放下；反之，按下遥控器上的"托臂收"按钮，将水平臂收起。

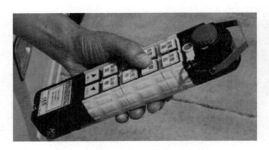

图4-14 车内遥控操作

图4-15 自动抱胎夹具

按下遥控器上的"托臂伸"按钮，水平臂伸缩油缸活塞杆伸出，水平臂外伸，实现托臂的"伸"；反之按下遥控器上的"托臂缩"按钮，水平臂伸缩油缸活塞杆缩回，水平臂回缩，实现托臂的"缩"。

在水平臂伸缩油缸回路中装有液压锁，其具有保压的作用，可实现水平臂伸缩油缸的锁定作用，即在水平臂伸缩油缸行进到任意需要的位置时，可带载锁死水平伸缩臂的伸缩量。

3 牵引机构

由电力单元（蓄电池）启动电动机，带动电动绞盘（图4-16）。当遥控器（图4-17）上的开关拨向"OUT"的位置，可以自动放出钢丝绳，当遥控器上的开关拨向"IN"的位置，此时收起钢丝绳或牵拉车辆。

图4-16 电动绞盘

图4-17 遥控式操作

三、应用实例

皮卡式清障车在欧美地区已经非常流行。2016年2月26日，工业和信息化部、国家发展和改革委员会、公安部联合发布《关于开展放宽皮卡车进城限制试点 促进皮卡车消费的通知》，决定在河北、辽宁、河南、云南等省开展放宽皮卡车进城限制试点工作。

目前在安徽、山东、河南、广东、云南、江苏、浙江等省市高速公路、城区道路和地下车库的实际救援中，皮卡式清障车发挥着重要作用，应用实例见图4-18。

a) 地下车库清障救援

b) 楼顶车库清障救援

c) 城区狭小道路清障救援

d) 公路清障救援

图4-18 应用实例

第四节 汽车起重机

目前国内托吊型清障车的起吊能力普遍不足，起吊救援主要由汽车起重机完成。汽车起重机（俗称"汽车吊"）是装在普通汽车底盘或特制汽车底盘上的一种起重机，其行驶驾驶室与起重操纵室分开设置，作业时必须伸出支腿保持稳定。

一、基本结构

汽车起重机由底盘部分和起重机两大部分组成，如图4-19所示。起重量的范围很大，可从8~2000t，底盘的车轴数，可从2~12根。2012年中联重科股份有限公司推出了全球最大吨位、起重能力最强的全地面起重机 QAY2000。

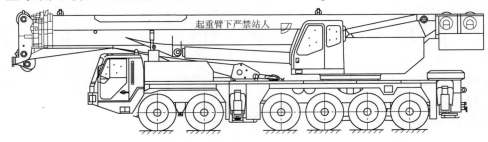

图 4-19 汽车起重机示意图

1 底盘

底盘分为专用底盘和通用底盘两大类。通用底盘只适用于小吨位的起重机，一般不超过 16t。专用底盘与通用底盘的最大区别在于车架。前者是专用的能安装回转支承的车架，其特点不仅是承载能力大，而且具有极强的抗扭曲功能；而通用底盘则只有在其原底盘车架上再设计一个能安装回转支承、抗扭功能极强的辅助车架，才能满足起重作业的需要。通用底盘安装的起重机重心高，行驶速度受到了较大限制。

2 起重机部分

汽车起重机的功能主要体现在起重机部分，故其主要性能参数、功能设置、各机构的配置及可靠性是一个产品品牌好坏的重要标志，也是用户选择某个产品的重要依据。

起重机部分主要由如下的机构和部件组成：

（1）液压油泵及其取力、传动装置。液压油泵是汽车起重机各种液压执行部件的动力来源。主要是通过发动机带动取力器传递给液压油泵，液压油泵泵出高压油以驱动各种执行元件（液压缸、液压马达）实现各种机构的动作。

（2）支腿及其伸缩机构。汽车起重机为了增加中大幅度时的起重能力（由稳定性决定的），都设计有可移动的支腿以增大起重时的稳定力矩。其支腿及其伸缩机构，如图 4-20 所示。目前汽车起重机采用"H"形支腿，其主要特点是受力均匀，跨距可以做得很大，起重机易于调平。

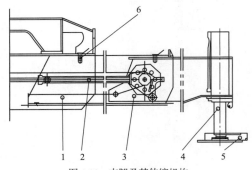

图 4-20 支腿及其伸缩机构

1- 活动支腿Ⅰ；2- 水平油缸；3- 活动支腿Ⅱ；4- 垂直油缸；5- 支脚板；6- 插销

支腿由固定支腿箱与活动支腿箱组成。固定支腿箱与车架焊接成一整体，活动支腿可以在其里面自由伸缩。活动支腿箱一般做成一节，但有时为了加大支腿的横向跨距，以便起重机获得较大稳定力矩，也有做成两节的。

支腿的伸缩是由一个水平油缸带动的。如是两节活动支腿，则是通过一个水平油缸带动一级同步伸缩机构以实现两个活动支腿的同步伸缩。

在活动支腿上还安装一个垂直油缸，又称垂直支腿。其作用是在起重作业时将整个底盘抬起以增加作业的稳定性。

（3）吊臂及其伸缩机构。吊臂是起重

机最主要的部件之一，起重作业的几个主要参数都和它有直接关系。吊臂分主臂和副臂两种。主臂是自底部与转台相铰接的铰点处到端部装设的主起升定滑轮组轴心线间的结构件。副臂是铰在主臂端部以延长吊臂的长度的一节或多节结构件。

（4）起升机构。起升机构一般由驱动装置、钢丝绳卷绕系统、取物装置和安全保护装置等组成。驱动装置包括减速机、制动器、马达等部件；钢丝绳卷绕系统包括钢丝绳、卷筒、定滑轮组及动滑轮组（与吊钩作成一体）等；取物装置有吊钩、抓斗、电磁吸盘、吊具、挂环等多种形式；安全保护装置包括平衡阀、起升高度限位器、三圈过放装置、力矩限制器等。

（5）回转机构。回转机构由回转支撑和回转驱动装置组成，有电机驱动和液压驱动两种常见形式。汽车起重机的回转机构主要是液压驱动。

（6）变幅机构。用来改变吊钩和重物幅度的机构，叫变幅机构。起重机的变幅是通过单个或多个双作用的伸缩油缸致使吊钩中心与回转中心的水平距离（即幅度）发生变化来实现的。

（7）电气系统。电气系统是为了起重机正常、安全作业以及夜间作业（行驶）所必须设置的系统，常发挥警示、报警、切断、照明等作用，是起重机最重要的组成部分之一。电气系统主要由各类照明灯、信号灯、行程开关、接近开关、传感器、继电器、电磁换向阀等组成。

二 技术参数

1 性能

（1）起重量：在保证汽车起重机的起重稳定性的前提下，起重臂在一定的幅度下所能起吊的质量。

（2）总起重量：起吊物体的质量与取物装置质量之和。

（3）额定总起重量：起重机在各种工况和规定的使用条件下所允许起吊的最大总起重量。

（4）最大额定总起重量：起重机的基本臂处于最小额定幅度，用支腿进行作业所允许的额定总起重量，并以此作为起重机的名义起重量。

2 幅度

（1）幅度：起重机空钩时，回转中心垂线与吊钩中心之间的水平距离。

（2）工作幅度：起重作业时，回转中心垂线与吊钩中心之间的水平距离。

（3）最小工作幅度：起重机处于最大仰角时的工作幅度。

（4）额定幅度：某一额定总起重量所允许的最大工作幅度。

（5）最小额定幅度：最大额定总起重量所允许的最大工作幅度。

3 其他参数

（1）起重力矩：总起重量与相应的工作幅度的乘积。

（2）起升高度：起重机起升到最高位置时，起重钩钩口中心到支承地面的距离。

（3）倍率：动滑轮组的承载钢丝绳数与引入卷筒的钢丝绳数之比。

（4）起升速度：平稳运动时，起吊物体的垂直位移速度。

（5）变幅时间（速度）：变幅作业时，幅度从最大（最小）变到最小（最大）所用的时间。

（6）最大回转速度：空载状态下，基本臂在最大仰角时，所能达到的最快回转速度。

（7）起重臂伸（缩）时间（速度）：空载状态下，起重臂处于最大仰角，使吊臂由全缩（伸）状态运动到全伸（缩）状态所用的时间。

（8）支腿收放时间（速度）：支腿以全收（放）状态，运动到全放（收）状态所用的时间。

（9）仰角：在起升平面内，起重臂纵向中心线与水平线的夹角。

第五节　叉　车

叉车作为搬运机械被广泛应用于工业领域的各个行业，在提高装卸效率、降低劳动强度方面发挥了很大作用。针对道路拥挤和狭窄的巷道环境，常规清障车往往由于空间限制难以使用的问题，通过应用叉车叉举车辆至平板型清障车上进行背载运输（图4-21），可大幅度提高清障救援效率，尤其适应于公安交管部门道路车辆违章治理的需要。此外，叉车还可用于道路交通事故清障过程中，被清障车辆所载货物的卸、装、转场。

图4-21　叉车用于道路车辆违章治理

一、叉车分类

叉车可以按其动力装置和结构形式来分类。

1 按动力装置分类

按动力装置不同，可分为内燃叉车和蓄电池叉车两大类。

（1）内燃叉车。内燃叉车是以内燃机为动力的叉车，具有功率大、运行速度快、装卸效率高、寿命长、路况适应性强以及能进行多种作业的优点，被广泛地应用于工厂企业的各个部门。

（2）蓄电池叉车。蓄电池叉车是以蓄电池为动力的叉车，具有结构简单、维修方便、运行平稳、节约能源、无污染无噪声等优点。由于它的功率小、运行速度慢、装卸效率低、路况适应能力较差以及不宜在易燃易爆场合工作等缺点限制，其应用范围较窄。

2 按结构形式分类

按结构形式的不同，可分为平衡重式叉车、侧叉式叉车和跨车三大类。

（1）平衡重式叉车。平衡重式叉车是叉车中最常见的形式，在车架后部装有平衡重块，用来与货叉上的载荷相平衡，以提高叉车的纵向稳定性。是目前使用最广泛的一种，约占叉车总数的80%以上。

（2）侧叉式叉车（或称前移式）。侧叉式叉车（图4-22）的货叉布置在车体的侧面，主要适用于长件货物的装卸和搬运。其货叉不仅能做升降运动，还可以前后伸缩。同时该车车体前后设置有两平台以便稳妥放置货物，因此该种叉车稳定性较好。

缺点是空载行驶重心高、稳定性差。由于该叉车起升高度较小，所以不能堆垛作业。

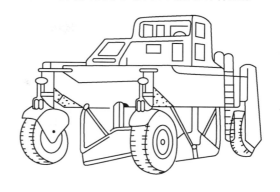

图4-23 跨车

图4-22 侧叉式叉车

（3）跨车。跨车（图4-23）是利用车体与两车轮之间的空间夹抱和搬运诸如木材、钢材、集装箱等长大货物的叉车。跨车特点是装卸动作快，甚至可以不停车装卸，

除上述传统三大主要形式外，近年来出现并流行的有全液压传动叉车、门架旋转式叉车、多级门架叉车、自动控制叉车等新车型。

二 基本结构及技术参数

1 基本结构

叉车种类繁多，但其构造基本相似，主要由发动机、底盘（行走机构）、车体、起升机构、液压系统及电气设备等组成，其机构如图4-24所示。

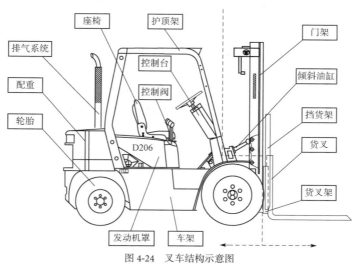

图4-24 叉车结构示意图

（1）发动机。发动机是内燃叉车的动力源，通过将燃料产生的热能转化为机械能量，并经发动机的飞轮向外输出动力。

（2）底盘。底盘主要是用来承载车身，

接受发动机输出的动力，并保持叉车的行驶方向。由传动装置、行驶装置、转向装置和制动装置等部件组成。叉车常采用前轮驱动、后轮转向的底盘配置。

（3）车体。叉车的车体与车架合为一体，由型钢组焊而成。置于叉车后部、与车型相适应的铸铁块为配重，其重量根据叉车额定起重量的大小而决定，在叉车载重时起平衡作用，以保持叉车的稳定性。

（4）起升机构。起升机构主要由门架和货叉组成。门架铰接在前桥支架车体上，由一套并列的钢框架和固定货叉的滑动支架所组成。货叉是两个弯曲90°的钢叉，装在滑动支架上，是承载物料的工具。货叉的规格根据叉车的最大载荷而设计。货叉可通过倾斜液压缸完成前倾、后仰等动作。

（5）液压系统。液压系统由升降油缸、倾斜油缸、主泵、控制阀以及流量调节器等组成。

①升降油缸，其柱塞顶端与升降门架固紧在一起，控制货叉的起升或降落。

②倾斜油缸，其柱塞顶端与门架铰接，控制门架的前倾或后仰。

③液压油泵，可以是叶片泵或齿轮泵。液压油泵输出高压油（6.37~15.7MPa），驱动升降油缸和倾斜油缸。

④控制阀，由阀体、升降油缸阀芯、倾斜油缸阀芯和安全阀组成。其作用是按货叉升降和倾斜的工作需要，通过操纵手柄控制升降或倾斜油缸阀芯动作，将高压油输入升降或倾斜油缸。控制阀中安全阀的作用是当液压系统中油压超过一定值时，使油液从回油管流回液压油箱。

⑤流量调节器，装于升降油缸的管路中，其作用是增大油液的流动阻力，当升降油缸泄压时，保证货叉缓慢下降。

（6）电气设备。电气设备由电源、发动机起动系统和点火系统、叉车照明及信号等用电设备所组成。

2 技术参数

1 特性

（1）额定起重量：指叉车在货叉额定载荷中心距处叉起货物、并能举升到车辆标准高度的最大起重量。

（2）载荷中心距：指货叉前臂到载荷中心的距离。大于2~3t的内燃机平衡重式叉车的载荷中心距一般为500mm。

2 尺寸

（1）标准二级门架：额定起重量时的最大货叉举升高度。G 系列 3230mm；FJ 系列 3000mm；BR 系列 3000mm。

（2）自由起升高度：指货叉起升后到门架全高变化前的最大起升距离。

（3）货叉架：2~2.5t 内燃机平衡重式货叉架外形尺寸一致，3t 内燃机平衡重式货叉架外形尺寸一致。

（4）货叉（厚度×宽度×长度）：2~2.5t 标准货叉为 45mm×100mm×1050mm。

3 外部尺寸

（1）至货叉前壁的长度：从配重圆弧最高切点到货叉前壁的距离。

（2）宽度：车辆最大宽度。

（3）门架最低高度：门架没有起升时的高度。

（4）最大起升时的全高（含挡货架）：门架起升后的全车最高点。

（5）护顶架高度：从水平地面起到护顶架最高点的距离。

（6）座椅高度：从水平地面起到座椅的高度。

（7）转弯半径（最小外侧）：最小转弯半径是在无载状态下，车辆向前或向后低速行驶、向左或向右转弯、转向轮处于最大转角时,车体外侧到转弯中心最大的距离。

(8)前悬距:前桥中心线至货叉前壁水平距离。

(9)最小直角堆垛通道:货叉间距处于最大、车辆在直线通道上做直角转弯堆(附加载荷长度)垛作业时,通道需要的最小理论宽度。

(10)最小直角通道:货叉间距处于最大、车辆能做直角转弯时通道所需的最小理论宽度。

外部尺寸参数示例如图4-25、图4-26所示。

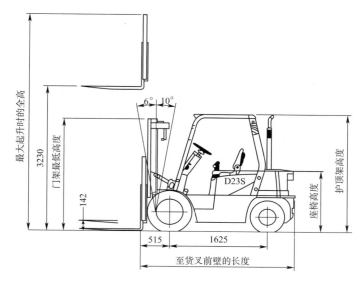

图4-25 外部尺寸参数示例(尺寸单位:mm)

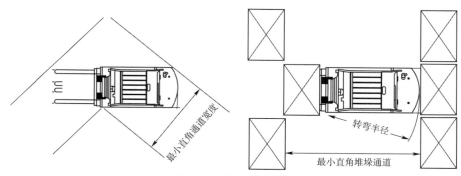

图4-26 外部尺寸参数示例

4 性能

(1)行驶速度(km/h):车辆在满载或空载时每小时的行进距离。

(2)起升速度(mm/s):车辆在满载或空载时每秒钟起升的距离。

(3)下降速度(mm/s):车辆在满载或空载时每秒钟下降的距离。

(4)最大爬坡度:叉车在速度1.6km/h、整车满载作业时最大的爬坡能力。

三 工作原理

启动叉车,液压油由主泵吸入并泵入控制阀;控制阀中的优先阀将液压油先供入转向系统;当控制阀杆无动作,阀体压力达到一定值时,压力油通过控制阀流回油箱;控制阀杆/转向轮动作时,压力油供向升降/倾斜油缸及转向系统；流量调节器通过控制进入升降油缸的流量大小来控制起升速度；流量保护阀防止因意外产生管路压力突变所造成的危险。其工作示意图如图4-27所示。

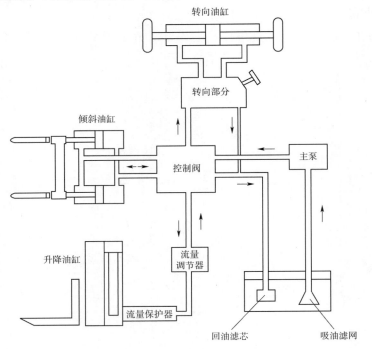

图4-27　液压系统工作示意图

第五章
道路车辆清障救援装备操作基础

本章讲述清障车的专用作业装置与常用作业附件的操作规程。在此基础上,阐述拖运、起吊、扶正以及牵引等清障救援的基本操作,并介绍清障救援操作原则。

清障车品种很多,结构形式和功能各异。在日常道路车辆清障救援过程中,需要清障救援人员熟练掌握常见专用作业装置和作业附件的常规操作方法、精通清障救援工作的基本操作技能。

第一节 专用作业装置操作

清障车的专用作业装置主要由托举机构、牵引机构、平板机构、起重机构、举升机构与其他机构组成。在实际作业过程中，专用作业装置的常规控制方式以手动为主，也有通过有线或无线遥控来完成。本节以常规的手动操作方式为例，介绍清障车专用作业装置的操作规程。

一、托举机构操作

托举机构作为连接清障车与被拖运车的关键结构，是主要承载部件，通常具有折叠、升降、伸缩等功能。

1 平板型托举机构托牵车辆操作

以平板一托二型清障车为例，介绍托举机构托牵车辆的操作方法：

（1）将清障车停到合适的拖车位置，停车后接合清障车驻车制动器。转动转向盘，使车轮定位在直线行驶状态。

（2）在保证接地行驶轮或使用的专用辅助轮能自由转动的情况下，接合被拖车辆的驻车制动器。

（3）接合清障车取力器，操作托臂升降操纵手柄。将托臂缓慢下降至距地高度20~50mm，然后操作水平臂伸缩操纵手柄，保证其能伸至被托车辆的底部，且不与底盘发生干涉。

（4）依据需要选择安装合适的承载类辅具（详见本章第二节）。

（5）检查被托车辆的承载类辅具固定连接是否正常，离地间隙是否正常，驻车制动器是否松开，变速杆挡位是否正确，车门、车窗是否关好或固定好，转向盘是否锁定，清障车与被托车辆是否保持安全距离，底盘位置与摆臂位置是否合理。

（6）以上各种情况确认安全无误后，用锁紧类辅具（详见本章第二节）将被托车辆的轮胎与承载类辅具进行连接固定，避免发生被托车辆从承载类辅具上滑落的事故（图5-1a）。

（7）将被托车辆变速杆置于空挡位置。若托举被托车辆的后轮，应锁定转向盘，固定其着地前轮方向，避免被托车辆滑向其他车道。

（8）操作托臂升降操纵手柄使托臂升高至适当的位置，然后缩回水平伸缩臂使两车保持安全距离，保证前后车在行驶转弯时不会相撞（图5-1b）。

（9）脱开清障车取力器，放开驻车制动器，清障车即可托牵被托车辆正常行驶。

2 平板型托举机构卸载车辆操作

（1）清障车停到合适的卸车位置，接合驻车制动器。

（2）接合取力器，操作托臂升降操纵手柄降低托臂高度，使被托车辆刚好接触到地面（图5-2a）。

（3）接合被托车辆的驻车制动器，将变速杆置于停车挡。

（4）拆卸锁紧类辅具，若有抱胎托举装置，卸下后托架。

（5）脱开取力器，清障车向前行驶一段距离，使水平伸缩臂离开被托车辆，最后拆卸承载类辅具（图5-2b）。

a) 固定被托车辆与托臂　　　　　　b) 托臂升离至适当位置

图 5-1　平板型托举机构托举车辆

a) 降低托臂至合适位置　　　　　　b) 拆卸承载类辅具

图 5-2　平板型托举机构卸载车辆

（6）接合取力器，收回水平伸缩臂，然后操作托臂升降操纵手柄，使托臂升高至正常高度。

（7）当上述工作完成且各项情况检查正常后，脱开取力器，清障车即可正常行驶。

3 托吊型托举机构托牵车辆操作

以托吊连体型清障车为例，介绍托举机构托牵车辆的操作方法：

（1）将清障车停到合适的拖车位置，停车后接合清障车驻车制动器。转动转向盘，使车轮定位在直线行驶状态。

（2）在保证接地行驶轮或使用的专用辅助轮能自由转动的情况下，接合被拖车辆的驻车制动器。

（3）接合清障车取力器，操作水平臂变幅操纵手柄，将水平臂缓慢变幅至水平位置，然后操作吊臂变幅操纵手柄，使托臂下降至距地面 20~50mm（图 5-3a），最后操作水平臂伸缩操纵手柄，保证其能伸至被托车辆的底部，且不与底盘发生干涉。

（4）脱开清障车取力器，将清障车倒车至合适的托牵位置。依据需要选择安装合适的承载类辅具。

（5）检查被托车辆的承载类辅具固定连接是否正常，离地间隙是否正常，驻车制动器是否松开，变速杆挡位是否正确，车门、车窗是否关好或固定好，转向盘是否锁定，清障车与被托车辆是否保持安全距离，底盘位置与摆臂位置是否合理。

（6）以上各种情况确认安全无误后，用锁紧类辅具将被托车辆的轮胎与承载类辅具进行连接固定，避免发生被托车辆从承载类辅具上滑落的事故。

（7）将被托车辆变速杆置于空挡位置。若托举被托车辆的后轮，应锁定转向盘，使其着地前轮方向不改变，以避免被托车辆滑向其他车道。

（8）操作吊臂变幅操纵手柄使托臂升高至适当的位置，然后缩回水平伸缩臂使两车保持安全距离，保证前后车在行驶转弯时不会相撞（图 5-3b）。

（9）脱开清障车取力器，放开驻车制动器，清障车即可托牵被托车辆正常行驶。

a) 降低托臂高度

b) 托举车辆

图 5-3　托吊型托举机构托举车辆

4 托吊型托举机构卸载车辆操作

以托吊分离型清障车为例，介绍托举机构卸载车辆的操作方法：

（1）清障车停到合适的卸车位置，接合驻车制动器。

（2）接合取力器，操作垂直臂升降操纵手柄，降低托臂的高度，使被托车辆刚好接触到地面。

（3）接合被托车辆的驻车制动器，将变速杆置于停车挡。

（4）拆卸锁紧类辅具。若有抱胎托举装置，卸下后托架。

（5）脱开取力器，清障车向前行驶一段距离，使水平伸缩臂离开被托车辆，最后拆卸承载类辅具。

（6）接合取力器，收回水平伸缩臂，然后操作吊臂变幅操纵手柄使托臂升高至正常高度。

（7）当上述工作完成且各项情况检查正常后，脱开取力器，清障车即可正常行驶。

二　牵引机构操作

牵引机构一般由绞盘、钢丝绳、拖钩等部件组成。牵引机构是平板机构和起重机构的重要组成部分，一般用于被救援车辆的牵拉作业。

1 平板型绞盘牵拉操作

（1）打开取力器气动开关或机械手柄，接合取力器。

（2）脱开绞盘离合器，拉出钢丝绳至被牵引车辆前，不能将钢丝绳直接缚在被牵引车辆上，应使用拖钩或双钩钢链将两者连接起来，且牢靠地固定在被牵拉车辆最合适的位置（此位置通常为牵引钩环，见图 5-4a）；未设置牵引钩环的情况，见图 5-4b），应牢固结实，同时不损坏其他部件。

（3）将被牵引车辆的变速杆置于空挡，松开车辆的驻车制动器操纵杆。

（4）接合绞盘离合器，然后操作绞盘收放操纵手柄，收紧钢丝绳，将被牵拉车辆拉到平板的安全、合适位置。

a) 拖钩栓固被牵引车辆

b) 双钩钢链栓固被牵引车辆

图 5-4　平板型绞盘操作

2 托吊型绞盘牵拉操作

区别于平板型绞盘的单一牵拉功能,托吊型清障车绞盘可以通过组合吊臂伸缩、变幅等基本功能,实现起吊、扶正等基本操作。

(1)打开取力器气动开关或机械手柄,接合取力器。

(2)操作绞盘收放操纵手柄(图5-5),将钢丝绳拉出至被牵拉车辆前,不能将钢丝绳直接缚在被牵拉车辆上,应使用安全链条或捆绑带将两者连接起来,且牢靠地固定在被牵拉车辆最合适的位置(此位置应牢固结实,同时不损坏其他部件)。

(3)定位清障车朝向拉力的方向,使钢丝绳、吊臂方向一致,以避免吊臂向一侧滑动。通过操纵远程油门控制器,控制钢丝绳的牵拉速度。

(4)将被牵拉车辆拉至安全、合适的预定位置,解开被牵拉车辆上的安全链条或捆绑带。

(5)将钢丝绳复位。

绞盘一操作手柄
绞盘二操作手柄

图 5-5 托吊型绞盘操作

3 作业流程

通常,在绞盘有负载的情况下,不能脱开绞盘离合器。在绞盘带有负载之前,要将绞盘离合器完全啮合,否则在有负载的情况下突然脱离会造成严重损失。在有负载的情况下,卷筒上的钢丝绳至少要保持5圈以上。以吊臂不旋转型清障车为例,介绍牵引机构操作流程:

(1)认真勘查现场情况与被救车辆状况,测量被救车辆的外廓尺寸并估计质量,估计钢丝绳长度是否能满足牵拉需求。

(2)选择清障车合适停车位置,尽量使钢丝绳牵拉方向与清障车纵轴线基本一致,且操作人员可清晰监视牵拉操作过程。若因空间受限而采用最不利工作状态进行牵拉作业时,应严格按照规定的绞盘额定牵引质量进行作业。

(3)接合驻车制动器,将三角楔(或三角木)放在清障车每个车轮的后边。操纵支腿收放操纵手柄,伸出后支腿替换轮胎支撑地面,以提高整车的抗倾翻能力。若被牵拉车辆质量较大,可以采用附近固定物或桩式地锚来锚固清障车。

(4)脱开绞盘离合器,拉出钢丝绳到被牵拉车辆前,用拖钩勾住被牵拉车辆的栓固位置(如牵引钩环、软带钩环等)。不可将钢丝绳直接缚在被牵拉车辆上,应该通过拖钩连接被牵拉车辆。

(5)依据牵引机构工作参数与被牵拉车辆实际状况,选择合适的救援牵拉方法。解除被牵拉车辆制动,变速杆置于空挡,接合清障车绞盘离合器,操纵绞盘收放操纵手柄,使钢丝绳牵拉或起吊重物。

(6)将被牵拉车辆牵拉到安全、合适的位置,待钢丝绳完全卸除负载后,解开被牵拉车辆上的安全链条或捆绑带。将钢丝绳收回应整齐排列，挂钩复位，完成牵拉操作。

三 平板机构操作

清障车平板机构具有平板倾斜、伸缩等功能。在清障车自带的液压绞盘或汽车吊、叉车等装备的配合下可对被清障车辆实施背载救援。

1 平板机构背载车辆操作

（1）清障车停车位置与被清障车辆同一条轴线，且两者间距 3m 左右。将变速杆置于空挡位置，接合驻车制动器，接合取力器。

（2）操作平板伸缩操纵手柄，使平板先向后伸出一段距离，使其脱离锁紧位置；然后操作平板升降操纵手柄，使后支腿恰好接触地面，但不支起清障车；最后操作平板伸缩操纵手柄，伸出平板使其刚好接地。

（3）脱开绞盘离合器，拉出钢丝绳到被清障车辆前，用拖钩勾住被清障车辆被拖端下部的牵引钩环（图 5-6a）。

（4）将被清障车辆变速杆置于空挡，并松开驻车制动器操纵杆。

（5）操纵绞盘收放操纵手柄，收紧钢丝绳，控制被清障车辆方向，把被清障车辆拉上平板，车辆被牵引位置应尽量靠近平板前端（图 5-6b）。如果被清障车辆与平板发生碰撞，应及时操作调整平板的倾斜角度以避免碰撞（图 5-6c）。若有需要，可在平板与地面接触处放置过渡板，避免角度太大影响车辆牵拉。

（6）拉紧被清障车辆驻车制动器操纵杆，选择车辆的合适部位，使用捆绑带和紧固器固定被清障车辆的车轮，将车身固定至平板上。

（7）操作平板伸缩操纵手柄，缩回平板，使平板后部脱离地面。当平板收回至适当位置时，操作平板升降操纵手柄，将平板降到水平位置。再操作平板伸缩操纵手柄，将平板全部缩回并进入锁紧位置。如配有三角形车轮限位块（俗称"刹车块"），可限位被清障车辆的前后车轮。

（8）以上各步骤完成并检查其他情况正常后，脱开取力器，完成背载车辆作业（图 5-6d）。

a) 使用钢丝绳钩住被拖车辆

b) 使用绞盘进行牵拉

c) 牵拉至平板

d) 完成背载作业

图 5-6 平板机构背载车辆

2 平板机构卸载车辆操作

（1）将清障车停到合适的卸车位置，拉紧驻车制动器，卸下三角形车轮限位块。

（2）接合取力器，操作平板伸缩操纵手柄，使平板先向后伸出一段距离，使其脱离锁紧位置；然后操作平板升降操纵手柄，使后支腿恰好接触地面，但不支起清障车；最后操作平板伸缩操纵手柄，伸出平板使其刚好接地。

（3）松开被背载车辆的驻车制动器操纵杆，卸下固定用捆绑带。

（4）操作绞盘收放操纵手柄，使钢丝绳放绳以卸下车辆。当被背载车辆卸下后，松开钢丝绳挂钩，拉上被背载车辆的驻车制动器操纵杆。

（5）操作绞盘收放操纵手柄，使钢丝绳复位并固定，收回平板机构。

（6）以上各步骤完成后，踩下清障车的离合器，脱开取力器，并检查其他情况正常后，卸载车辆的工作完成。

四 起重机构操作

起重机构具有吊臂伸缩、变幅、回转以及牵拉等基本功能，能够组合实现起吊、扶正（起复）等基本操作。

1 吊臂伸缩

打开取力器气动开关按钮（或将其操纵手柄扳至"开"位置），接合取力器。操作吊臂伸缩操纵手柄，使吊臂伸出或者缩回（图5-7）。禁止侧载和拖拽尚未离地的载荷。在吊臂伸缩作业时，要同时操作牵引机构，以调整吊钩的高度。严禁带载伸缩吊臂。

图5-7 吊臂伸缩

2 吊臂变幅

打开取力器气动开关按钮（或将其操纵手柄扳至"开"位置），接合取力器。操作吊臂变幅操纵手柄，实现吊臂变幅（图5-8）。吊臂作业完成后复位，必须将吊臂安置于吊臂支架内。

图5-8 吊臂变幅

3 吊臂回转

打开取力器气动开关按钮（或将其操纵手柄扳至"开"位置），接合取力器。操作吊臂回转操纵手柄，使吊臂左转或右转（图5-9）。回转机构操作必须确保足够的作业空间。开始和停止回转机构操作时，应缓慢扳动回转机构操纵手柄。回转作业时，吊臂应高于吊臂支架。

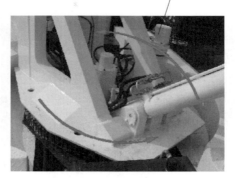

图 5-9　吊臂回转

4 吊臂牵拉

利用吊臂上固定的液压绞盘，可实现对被牵拉车辆进行牵拉作业，详见本节二所述。

5 作业流程

起重机构作业时，吊臂下严禁站人。被救车辆内有人员时，禁止进行起吊作业。当被救车辆处于悬挂状态时，操作人员和指挥人员不能离开工作岗位。起重机构作业流程：

（1）到达现场后应首先对现场进行勘察，依据被救车辆需要，选择合适的清障车停车点以及被救车辆吊放空地，清除或避让吊臂工作范围内的障碍物。清障车停车点地面应当平整坚实，遇松软地面应铺垫钢板。

（2）将清障车驶入停放点，拉紧驻车制动器操纵杆，接合取力器。操作各支腿控制手柄，使各支腿完全伸出，如遇地面不平，可用枕木进行塞垫。在保证车身倾斜角度满足规定的情况下，使全部车轮完全离地。

（3）清理固定被救车辆，确认其质量、起升高度、工作半径应符合起重特性曲线要求。选择被救车辆车身上的合适挂钩位置，要求吊钩及吊带的强度能够承受车辆本身重量。

（4）起重机构先进行空载运行，检查确认各工作机构及其制动器正常后进行作业。

（5）操作吊臂回转操纵手柄，旋转清障车吊臂至被救车辆方向。操作吊臂变幅操纵手柄和吊臂伸缩操纵手柄，使吊臂最顶端处于被吊车辆重心（估计）的铅垂上方。操作绞盘收放操纵手柄，放下钢丝绳，使吊钩吊挂被救车辆合适位置。

（6）起吊时应先将被救车辆吊离地面一定距离，然后检查确认各工作机构及其制动器、吊钩及吊带、整机稳定性，支腿状况工作正常的情况下方可继续工作。

（7）操作绞盘收放操纵手柄，调整钢丝绳高度，保证被救车辆平衡、匀速上升以防止侧翻。当被救车辆起吊至一定高度时，操作吊臂回转操纵手柄，使吊臂匀速回转，将被救车辆置于空地上空。

（8）操作牵引机构（液压绞盘）匀速平稳放置被救车辆至地面，必要时，应采取垫塞、固定、防滚落等措施。在车辆安全落地后，卸除吊钩及吊带。

（9）操作吊臂回转操纵手柄、吊臂伸缩操纵手柄、吊臂变幅操纵手柄，将吊臂全缩回旋转降低归位至吊臂支架。操作绞盘收放操纵手柄，使绞盘钢丝绳收回复位。操作支腿控制手柄，将各支腿全数收回复位。脱开取力器,并检查其他情况正常后,结束起吊作业。

五 其他机构操作

1 支腿机构操作

支腿机构在起吊和侧拉故障车辆时替换轮胎支撑地面,增大跨距,以提高整车的抗倾翻能力。以吊臂旋转的托吊分离型清障车为例,本节介绍支腿机构的操作方法。

1 前支腿的操作方法

(1) 前支腿伸出:

①操作前支腿旋转操纵手柄,使前支腿旋转至与车身纵轴线成 90° 夹角位置。

②操作前支腿伸缩操纵手柄,使前支腿伸出接触地面并抬升清障车至前车轮离地(图 5-10a)。

(2) 前支腿收回:

①操作前支腿伸缩操纵手柄,使前支腿缓慢收回至预定位置。

②操作前支腿旋转操纵手柄,将前支腿完全收回(图 5-10b)。

a) 前支腿伸出

b) 前支腿收回

图 5-10 前支腿的伸出及收回

2 后支腿的操作方法

清障车的后支腿主要由垂直支腿和水平支腿组成(图 5-11)。作业前,保证支腿撑脚处地面的强度足够。在支撑作业时,根据工况选择水平支腿伸出或保持原位。轮胎需要稍微离开地面呈悬空状态。收回支腿时,应预先收回前支腿。

图 5-11 后支腿结构

(1) 后支腿伸出:

①操作后支腿水平伸缩操纵手柄,将后支腿水平全部伸出。

②操作后支腿垂直伸缩操纵手柄,将后支腿垂直伸出,使其接触地面并抬升清障车至后轮离地(图 5-12a)。

（2）后支腿收回：

①操作后支腿垂直伸缩操纵手柄，将后支腿收回至预定位置。

②操作后支腿水平伸缩操纵手柄，将后支腿完全收回（图5-12b）。

a) 后支腿伸出

b) 后支腿收回

图5-12　后支腿的伸出及收回

2 液压系统操作

液压系统实现其工作目的，需经过动力源—控制机构—作业装置三个环节。通过安装在变速器上的取力器，将清障车发动机的动力传递给液压油泵，液压油泵产生的高压液压油通过控制阀分别输送给各油缸或液压马达，通过操纵各控制手柄或开关，从而实现各工作机构的运动。其中，取力器是液压系统获取动力源的主要控制部件。

1 液压系统取力器接合操作

（1）接通取力装置前，确认各操纵杆均处于中位。

（2）接通操作分为空挡取力和挡位取力两种方式：

①空挡取力：停车后将变速杆置于空挡，拉紧驻车制动器操纵杆；此时发动机急速，缓慢踩下离合器，按下取力开关，接合取力器，缓慢松开离合器。

②挡位取力：停车后将变速杆置于空挡，拉紧驻车制动器操纵杆，此时发动机急速，缓慢踩下离合器，按下取力开关，接合取力器，变速杆置于适当挡位，缓慢松开离合器。

（3）取力器接合后，可通过远程油门控制器或操纵室内加速踏板来控制发动机的转速。

2 液压系统取力器分离操作

（1）踩下离合器踏板，分离离合器。
（2）按下取力器开关，断开取力器。
（3）变速杆退回至空挡位置。
（4）缓慢地松开离合器踏板。

第二节　常用作业附件操作

汽车型式差异较大，一旦出现故障及交通事故时，清障车必须配备相应的附件以适应被救车辆的救援需求，以便快速高效地将其拖离事故现场，保证交通畅通。作业附件主要有承载类辅具、锁紧类辅具、牵引类辅具、破拆类辅具以及消防类辅具等。

一 承载类辅具操作

承载类辅具包括抱胎托举装置、托叉托举装置、专用辅助车轮等，通常用于配合清障车托举机构进行拖运作业。

1 抱胎托举装置

以L形抱胎托举装置为例，介绍安装及拆卸操作过程。

1 抱胎托举装置安装操作

（1）清障车托举机构做好拖运作业前述的相关准备。

（2）将轮胎前托架安装至摆臂上，根据被托车辆的轮距初步调整左右两托架的横向间距，并插入弹簧锁销，横向锁定前托架（图5-13a）。

（3）将滑梁插入轮胎前托架方形槽中，并插入锁止销，纵向锁定滑梁（图5-13b）。

（4）操作水平臂伸缩操纵手柄，伸出水平伸缩臂，使前托架轮胎前挡与被托车轮接触，可视情调整轮胎前托架横向间距。

（5）将轮胎后托架安装至滑梁上，根据被托车辆轮胎大小，调整其在滑梁上的位置，使后托架轮胎后挡紧靠住轮胎底部，并插入弹簧锁销，纵向锁定后托架（图5-13c）。

（6）结束抱胎托举装置安装操作（图5-13d）。

a) 调整前托架横向位置

b) 安装滑梁

c) 安装轮胎后托架

d) 完成安装

图5-13 抱胎托举装置的安装

2 抱胎托举装置拆卸操作

（1）清障车停驶至合适位置，做好卸载车辆准备。

（2）操作升降操纵杆，降低托臂至被托车辆轮胎接触地面，拆卸锁紧类辅具。取下轮胎后托架上的锁止销，移出轮胎后托架。

（3）驾驶清障车向前行驶一段距离，依次拆卸锁止销、滑梁、弹簧锁销以及轮胎前托架。

（4）结束抱胎托举装置拆卸操作。

2 托叉托举装置

以托叉托举钢板弹簧为例介绍托叉托举装置安装及拆卸操作方法。

1 托叉安装操作

（1）清障车托举机构做好托运作业前述的相关准备。

（2）根据钢板弹簧的宽度，选择相应托叉及叉座。

（3）将叉座安装至摆臂上，根据钢板弹簧的横向尺寸，初步调整左右叉座的间距，并插入弹簧锁销，横向锁定叉座（图5-14a）。

（4）操作水平臂伸缩操纵手柄，伸出水平伸缩臂至钢板弹簧吊耳处。视情调整托叉横向间距，使托叉与钢板弹簧对齐；操作升降操纵手柄，将托叉槽嵌入钢板弹簧，从而保证托叉完全撑住钢板弹簧（图5-14b）。

（5）结束托叉托举装置安装操作。

a) 安装托叉　　　　　　　　b) 将托叉嵌入钢板弹簧中

图5-14　托叉的安装

2 托叉拆卸操作

（1）清障车停驶至合适位置，做好卸载车辆准备。

（2）卸除托叉弹簧锁销，操作升降操纵杆，降低摆臂至地面。

（3）驾驶清障车向前行驶一段距离，卸除摆臂上叉座及托叉至安装架中。

（4）结束托叉托举装置卸载作业。

3 专用辅助车轮

在清障车救援过程中，常遇到事故车辆轮胎锁死、爆裂等现象，为解决此类问题，可采用专用辅助车轮（以下简称"辅助轮"），以代替被托车辆的车轮（图5-15）。

图5-15　利用辅助车轮托举车辆

1 专用辅助车轮安装操作

专用辅助车轮安装操作流程：

（1）选择需要辅助轮托起的车轮，拔出辅助轮插销弹簧，扳动轮架杆，放下辅助轮支架，使辅助轮轮胎挡板与地面接触（图5-16a）。

（2）将辅助轮推入车轮下面，扳动轮架杆，支起辅助轮支架，使之夹住被托车轮（图5-16b）。

（3）将加力杠杆套入轮架杆中，扳动加力杠杆，使辅助轮转动抬起被托车轮（图5-16c）。当车轮抬起至适当位置后，插入插销弹簧，锁定辅助轮支架。按同样的方法装好辅助轮的另一端。

（4）装好一侧的辅助轮后，按同样的方法装好另一侧辅助轮；结束辅助轮安装操作（图5-16d）。

用捆绑带和紧固器将被托车轮与辅助轮绑紧，检查各处工作是否正常；按清障车托举机构操作方法，进行托牵车辆操作。

a) 放下辅助轮支架

b) 将辅助轮推入车轮下面

c) 扳转加力杠杆

d) 完成安装

图5-16 辅助车轮安装操作流程

2 专用辅助车轮拆卸操作

卸载车轮时，应先松开锁紧类辅具，然后进行专用辅助车轮拆卸操作。

（1）拔出插销弹簧，解锁辅助轮支架（图5-17a）。将加力杠杆套入轮架杆中，扳动加力杠杆，使辅助轮转动放下被托车轮至地面（图5-17b）。

（2）将辅助轮从车轮下面拉出（图5-17c），扳动轮架杆，使辅助轮支架恢复至原位。插入插销弹簧，锁定辅助轮支架（图5-17d）。按同样的方法锁定辅助轮的另一端。

（3）拆卸好一侧的辅助轮后，按同样的方法拆卸另一侧辅助轮；结束辅助轮拆卸操作。

二 锁紧类辅具操作

1 捆绑带及紧固器

捆绑带和紧固器的作用是协助清障车进行救援操作固定轮胎，防止被托车辆轮胎因路面不平、车辆转弯、加减速或制动时滑脱出。捆绑带及紧固器的操作过程如下：

1 平板背载紧固操作

（1）将捆绑带穿入环形带中，使之组合成为"A"形（图 5-18a），做好紧固准备工作。

a) 解锁辅助轮支架

b) 放下车轮至地面

c) 拉出辅助轮

d) 锁定辅助轮支架

图 5-17 辅助车轮拆卸操作流程

（2）将组合好之后的捆绑带套于被背载车辆的车轮上，使环形带处于车轮轴心水平位置处（图 5-18b）；然后将捆绑带带钩端固定在平板上的钩环处，自由端做好连接紧固器的准备。

（3）固定紧固器带钩端于平板上另一钩环处。打开紧固器，将捆绑带自由端穿入紧固器卷带轴中并予拉紧，摆动手柄使卷带轴转动，收紧捆绑带将轮胎绑紧（图 5-18c）。

（4）检查各处工作是否正常，完成平板背载紧固操作（图 5-18d）。

2 托牵紧固操作

（1）将捆绑带自由端与紧固器连接，带钩端固定在后托架上（图 5-19a）。然后缠绕并固定被托车辆的车轮，最后将紧固器带钩端固定在前托架上（图 5-19b）。

（2）摆动紧固器手柄使卷带轴转动，收紧捆绑带将轮胎绑紧（图 5-19c）。

（3）检查各处工作是否正常，完成托牵紧固操作（图 5-19d）。

2 安全链条

在托牵作业时，必须使用安全链条将清障车与被清障车辆连接起来，以防止被清障车辆意外脱离。以托叉托举装置为例，介绍安全链条操作流程（图5-20和图5-21）：将安全链条一端栓固在清障车后围板孔中，然后缠绕固定被清障车辆的车轴、钢板弹簧或纵梁，另一端套在摆臂叉座的吊挂钩上。安全链条应留有足够的长度余量，以保证拐弯和上下坡时被托车辆能够自由转动。

a) 捆绑带紧固准备

b) 捆绑带套于车轮

c) 收紧紧固器

d) 完成紧固

图 5-18　平板背载紧固

a) 固定带钩至后托架

b) 缠绕并固定车轮

c) 收紧紧固器

d) 完成紧固

图 5-19　托牵紧固

图 5-20　安装安全链条

图 5-21　安全链托举牵引

三　牵引类辅具操作

钢丝绳、牵引架及硬拖具等牵引类辅具适用于在事故车辆的车轮、制动、转向等功能正常但无动力来源的情况下，辅助清障车对该车进行牵引拖运救援作业。

以牵引杆为例，介绍牵引类辅具安装操作流程：

（1）将清障车停驶至合适位置，确定被牵引车辆的牵引钩环位置。分体式牵引钩环需在使用时进行组装。

（2）选择与被牵引车辆牵引钩环相匹配，并能承受与其总质量对应牵引力的牵引杆。

（3）将牵引杆一端铰接于清障车后部支座上（图5-22a），另一端挂接于被牵引车辆牵引钩环位置（图5-22b），牵引钩环上设计有安全锁扣的需锁止到位，从而将清障车和被牵引车辆连接起来（图5-22c）。

a) 连接清障车

b) 连接被牵引车辆

c) 完成连接

d) 硬拖牵作业

图 5-22　使用硬拖具拖牵

（4）结束牵引杆安装操作。

当上述工作完成且各项情况检查正常

后,清障车拖牵被牵引车辆即可正常行驶(图5-22d)。当被牵引车辆被牵引拖运至合适位置后,接合被牵引车辆驻车制动器,卸除牵引类辅具,完成牵引拖运作业。

四 破拆类辅具操作

以常见的液压剪切器、液压扩张器为例,介绍液压破拆类辅具操作。

1 液压剪切器操作

液压剪切器适用于道路事故发生后切断车辆构件、金属结构等(图5-23a)。其操作步骤:

(1)作业前,通过液压软管将剪切器与液压泵相连,建立剪切器液压工作回路。启动液压泵,转动换向手轮,使剪切器空载往复运动几次,排出油缸内的空气,并充满液压油。

(2)作业时,将被剪作业对象尽量靠近剪刀根部,转动换向手轮,控制液压阀使剪刀开合,进行剪切作业。

(3)作业后,转动换向手轮,使剪切器反向运行放掉高压油,并使剪刀口呈微开形状。关闭液压阀、液压泵,拆卸高压油管,盖好防尘盖。

2 液压扩张器操作

液压扩张器用于事故救援现场破拆作业,以扩张功能为例(图5-23b),介绍其扩张和闭合操作步骤:

(1)作业前,通过液压软管将扩张器与液压泵相连,建立扩张器液压工作回路。启动液压泵,转动换向手轮,使扩张器空载往复运动几次,排出油缸内的空气,并充满液压油。

(2)作业时,使两个钳头始终保持垂直,扩张点受力均衡。当扩张到最大行程时,不得对扩张器实施压力传输。

(3)作业后,转动换向手轮,闭合扩张器。关闭液压阀、液压泵,拆卸高压油管,盖好防尘盖。

a) 液压剪切钳

b) 液压扩张器

图5-23 破拆类辅具

五 消防类辅具操作

灭火器是随车配备的消防灭火装备,按所充装灭火剂的不同可分为:干粉灭火器、二氧化碳灭火器、泡沫灭火器等。

1 干粉灭火器操作

干粉灭火器适宜覆灭油类、可燃气体、电气设备等的初起火灾。其操作步骤:

(1)持灭火器距燃烧点1.5m处停下,选择上风位置。将筒体上下颠倒几次,使筒内的干粉松动,拔掉安全栓。

(2)一手握住开启压把,另一手握住喷射软管,喷嘴对准着火点根部。用力压下开启压把,灭火剂便会喷出。

2 二氧化碳灭火器操作

二氧化碳灭火器适宜扑灭精密仪器、

电子设备以及600V以下电器的初起火灾。其操作步骤：

（1）持灭火器距燃烧点1.5m处停下，放下灭火器。

（2）手提式二氧化碳灭火器有手轮式和鸭嘴式两种使用方式：

①手轮式——一手握住喷筒把手，另一手撕掉铅封，打开开关，二氧化碳气体即会喷出。

②鸭嘴式——拔出保险销，一手握住喇叭筒根部的手柄，另一手握住启闭阀的压把，压下压把，即可灭火。对于没有喷射软管的二氧化碳灭火器，应把喇叭筒往上扳70°~90°。

3 泡沫灭火器操作

泡沫灭火器适宜扑灭油类及一般物质的初起火灾。其操作步骤：

（1）手提筒体上部的提环，迅速奔赴火场。注意不得使灭火器过分倾斜，更不可横拿或颠倒，以免两种药剂混合而提前喷出。

（2）当距离着火点10m时，可将筒体颠倒过来，一手紧握提环，另一手扶住筒体的底圈，将喷嘴对准燃烧物，即可灭火。

在扑救可燃液体火灾时，如已呈流淌状燃烧，则可将泡沫由远而近喷射，使泡沫完全覆盖在燃烧液面上；如在容器内燃烧，应将泡沫射向容器的内壁；在扑救固体物质火灾时，应将喷嘴对准燃烧最猛烈处。使用时，灭火器应始终保持倒置状态。

第三节 清障救援工作的基本操作

根据实践操作经验，清障救援工作的基本操作有拖运、起吊、扶正、牵拉。在确保安全及条件允许的前提下，先将货物卸到安全区域，且所有作业行为不应造成对被救车辆的二次损坏或扩大损失。清障救援工作的基本操作如下：

一 拖运作业

拖运作业包括利用平板型清障车将被清障车辆拖离现场、利用清障车托举机构将被清障车辆拖离现场以及利用牵引类辅具牵引将被牵引车辆拖离现场等三类。操作人员应根据被清障车辆类型选择相应专用作业装置、作业附件和操作方案。拖运作业方式包括背载拖运、托举拖运以及牵引拖运三类。

1 背载拖运

背载拖运是指利用平板机构将拴固后的被清障车辆运往指定位置的作业过程。按操作过程不同，可分为平板自身背载作业以及在起重机、叉车等装备协助下的背载作业。背载拖运具体作业过程可按照平板机构操作、牵引机构操作以及起重机构操作等执行。背载拖运作业时，应注意以下几点：

（1）依据被清障车辆质量、长度、接近角等技术参数，选择合适的平板型清障车进行背载拖运作业。

（2）操作平板机构伸缩时，保证平板机构在进入或未脱离限位装置时保持水平状态。

（3）对于配有自动变速器车型拖运时，应采用背载拖运方式进行车辆的转运作业。

（4）若路面坑洼、泥泞或积有冰雪时，应采用背载拖运方式进行车辆的转运作业。

（5）背载拖运作业时，清障车应当安全平稳驾驶，控制车速且尽量避免急转弯和急制动。

（6）汽车起重机、叉车等装备协助抬升被救援车辆至平板上时，应保证举升被救车辆底部至少高出平板机构最高点一定距离后再进行转运作业。

2 托举拖运

托举拖运，也称为"托牵"或"拖曳"，是指利用清障车托举机构将被清障车辆拖离现场的作业过程。按使用作业附件不同，可分为抱胎托举作业、托叉托举作业和专用辅助轮作业。其具体操作过程可按照托举机构操作、承载类辅具等执行。在托举拖运作业时应注意以下几点：

（1）清障车托牵采用油泵润滑的被托车辆时，比如沃尔沃、斯太尔等重型载货汽车，要将被托车辆的传动轴拆卸掉，以免在行驶过程中因变速器无法润滑而导致损坏。

（2）清障车在托牵状态下，尽量减少紧急转弯和紧急制动，需要接好清障车与被托车辆的气路系统保持同步制动。

（3）托牵作业时，清障车超车或并道应考虑清障车及被托车辆的总长度。清障车应尽量避免倒车作业。若清障车必须倒车，应避免出现两车之间的夹角小于80°的现象。

（4）托举作业时，在没有可靠支撑的情况下，操作人员不得在被托车辆下工作。若托牵被托车辆的后轮时，应锁定转向系统，避免行驶过程中被托车辆滑向其他车道。

（5）专用辅助轮尽量在较平坦、无坑洼的路面上使用，托牵车辆行驶时速不宜过快。辅助轮必须成对使用且装载车轮时应使车轮与辅助轮保持平行。

3 牵引拖运

牵引拖运是指利用牵引类辅具将被牵引车辆拖离现场至指定位置的作业过程。该操作方法简单快捷，且使用成本较低，适用于紧急情况或空间受限环境。其具体操作过程可按照牵引类辅具等执行。在牵引拖运作业时，应注意以下几点：

（1）选择颜色醒目或带有明显标识的牵引类辅具。夜晚牵引拖运时，尽量使用带有反光材料的拖车绳或牵引杆，以增加警示效果。

（2）牵引类辅具应在前后车辆同侧牵引座与牵引钩环位置进行安装，保证上路后直线行驶。并且在安装牵引类辅具时一定要事后检查，保证其安装紧固。

（3）在牵引拖运时，应注意前后车沟通配合。拖运前驾驶员之间应制定合理的行驶路线，避开路况复杂和拥堵路段。若没有对讲机作为沟通工具，则需要在上路前约定好起步、减速、转弯、上下坡等操作的沟通信号，做到前后汽车控制一致。

（4）行驶中，前后车辆都应打开危险报警闪光灯，沿最外侧车道行驶。

（5）拖运作业过程中，应在被拖运车辆的后方设置反光警示标志，夜间应设置自发光警示标志。

二 起吊作业

起吊作业是指使清障车在平坦、坚固的地面上，呈水平状态后，利用自身的吊臂、绞盘等设备将被救车辆吊起，并使被救车辆发生位置变化的作业过程。其具体操作过程按照起重机构操作、支腿机构操作等执行。在起吊作业时，应注意以下几点：

（1）当出现下列情况之一时，应制定起吊作业方案，经论证审核后实施：

①超过单机起吊能力或限制，需要多台托吊型清障车协同作业。

②起吊作业环境复杂，如操作人员视野不足、吊臂作业空间受限、极端作业气候环境等。

③起吊作业环境中存在其他重大危险源，如距高压线 3m 以内。

（2）清障车进行起吊作业时，需保证支腿机构完全伸出支撑坚实地面或枕木，清障车所有轮胎离地且车身处于水平状态。起吊作业中严禁操作支腿机构。

（3）操作人员应掌握《起重吊运指挥信号》（GB 5082—1985）规定的指挥信号、操作的清障车主要技术参数及使用方法。

（4）若现场无专人指挥或指挥信号不明或违章指挥时，应当停止起吊作业。

（5）在作业过程中，操作人员对任何人发出的紧急停止信号都应服从。

（6）起吊作业严禁吊钩快速起落，运移过程中不得突然加减速，应控制被救车辆的摆动幅度。

（7）不得采用自由下降的方式下降吊钩及被救车辆。吊钩下降时钢丝绳在卷筒上的安全剩余量不得少于设备技术文件规定。收回钢丝绳应注意避免钢丝绳过收。

（8）清障车在起吊过程中，应避免被救车辆和起重机构刮碰障碍物。

（9）中途停止作业时，必须将吊臂、被救车辆放下来，吊臂悬空期间操作人员禁止离开现场。

（10）起吊作业应尽可能在起重机构的侧方和后方进行，清障车起重作业方位如图 5-24 所示。起重作业区可划分为前方、后方、左右侧方。一般情况下，后方的稳定性大于侧方，侧方的稳定性大于前方。不宜在前方进行吊装。

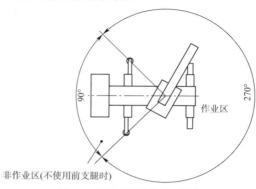

图 5-24 清障车起重作业方位图

三 扶正作业

扶正作业是指利用清障车和专业设备使倾翻事故车辆恢复正常位置状态的作业过程。按操作过程不同可分为空中扶正与地面扶正。现场清障救援指挥人员应根据现场情况选择适当的扶正方式。

1 空中扶正

空中扶正作业指利用清障车将事故车辆起吊后，在空中实现扶正。以四绞盘起吊为例，其操作过程为：

（1）到达现场后首先对现场进行勘察，依据被吊车辆需要，选择合适的清障车停车点以及被吊车辆吊放空地，清除或避让吊臂工作范围内的障碍物。清障车停车点地面应当平整坚实，遇松软地面应铺垫钢板；然后按照支腿机构操作，放下前后支腿，如遇地面不平，可用枕木进行塞垫。

（2）操作吊臂回转操纵手柄，将吊臂回转到被吊车辆的一侧；然后操作吊臂变幅操纵手柄，升高吊臂至合适的高度；最后操作吊臂伸缩操纵手柄，将吊臂伸出至被吊车辆的上方。在此过程中，要协同操作绞盘收放操纵手柄，伸长吊臂绞盘钢丝绳，以配合吊臂的伸长。最终将钢丝绳伸长至被吊车辆旁。

（3）将吊装类辅具（或称"吊索"）固定在被吊车辆轮胎轮毂、前后轴或底盘纵梁处。被吊车辆着地的一侧吊索连接吊臂主绞盘上的吊钩，悬空端的吊索连接吊臂副绞盘上的吊钩（图5-25a）。

（4）首先将被吊车辆起吊，起吊时应遵守起吊操作规范。然后在空中收紧主绞盘，主绞盘提供拉力使得被吊车辆慢慢翻转，同时协调副绞盘，保证扶正过程平稳（图5-25b）。

（5）当被吊车辆翻转过重心位置时，副绞盘提供拉力使其翻转，同时协调主绞盘，保证扶正过程平稳（图5-25c）。待被吊车辆扶正完成后将其缓慢均匀平稳放至地面（图5-25d）。

a) 固定吊索

b) 收紧主绞盘

c) 收紧副绞盘

d) 完成扶正

图5-25 空中扶正作业

2 地面扶正

地面扶正指利用清障车辆在被救车辆不脱离地面的情况下，以被救车辆与地面的接触点作为支撑实现扶正。其操作过程：

（1）到达现场后首先对现场进行勘察，依据被救车辆需要，选择合适的清障车停车点，清除或避让吊臂工作范围内的障碍物。清障车停车点地面应当平整坚实，遇松软地面应铺垫钢板；然后按照支腿机构操作，放下前后支腿，如遇地面不平，可用枕木进行塞垫。

（2）操作吊臂回转操纵手柄，将吊臂回转到被救车辆的一侧；然后操作吊臂变幅操纵手柄，升高吊臂至合适的高度；最后操作吊臂伸缩操纵手柄，将吊臂伸出至被救车辆的上方。在此过程中，要同时协同操作绞盘收放操纵手柄，伸长吊臂绞盘钢丝绳，以配合吊臂的伸长。最终将钢丝绳伸长至被救车辆旁。

（3）将吊索固定在被救车辆轮胎轮毂、前后轴或底盘纵梁处，被救车辆着地一侧的吊索连接主绞盘上的吊钩，悬空端的吊索连接副绞盘上的吊钩（图5-26a）。

（4）首先收紧主绞盘，主绞盘提供拉

力使得被救车辆以着地轮为轴慢慢翻转，同时协调配合收紧副绞盘。在此过程中主绞盘提供翻转动力，副绞盘作为保护机构（图5-26b）。

（5）当被救车辆翻转过重心位置时，副绞盘提供拉力使其翻转（图5-26c），保证扶正过程平稳，主绞盘作为辅助保护机构，使被救车辆悬空轮平稳着地（图5-26d）。

a）固定吊带

b）收紧主绞盘

c）被吊车辆越过重心位置

d）完成扶正

图5-26　地面扶正作业

3 协同扶正

当被救车辆车身较长、吨位较大时，可以使用两辆清障车协同进行扶正作业。其操作过程为：

（1）到达现场后首先对现场进行勘察，依据被救车辆需要，将两辆清障车分别停车于被救车辆前部和后部的合适位置，清除或避让吊臂工作范围内的障碍物。清障车停车点地面应当平整坚实，遇松软地面应铺垫钢板；然后按照支腿机构操作，放下前后支腿，如遇地面不平，可用枕木进行塞垫。

（2）操作两车的吊臂回转操纵杆，将吊臂回转到被救车辆的一侧；然后操作吊臂变幅操纵杆，升高吊臂至合适的高度；最后操作吊臂伸缩操纵杆，将吊臂伸出至被救车辆的上方。在此过程中，要同时协同操作绞盘收放操纵杆，伸长吊臂绞盘钢丝绳，以配合吊臂的伸长。最终将钢丝绳伸长至被救车辆旁。

（3）扶正工作时，应将吊索固定在被救车辆轮胎轮毂、前后轴或底盘纵梁处。若协同扶正半挂汽车列车时，应首先在牵引车与挂车的牵引销处，利用专用工具进行捆扎，使牵引车与挂车固定成为一个整体，避免扶正过程中牵引车翻转，引起安全隐患。扶正挂车的清障车应选择挂车的最后一轴作为吊索的固定位置。被救车辆着地端的两个吊索分别连接两辆清障车的主绞盘，悬空端的两个吊索分别连接相应的副绞盘。

（4）两台清障车协同救援时，必须有

专人统一指挥。首先协同收紧两清障车主绞盘，绞盘提供拉力使得被救车辆以着地轮为轴慢慢翻转，同时协调配合收紧两车副绞盘。在此过程中主绞盘提供翻转动力，副绞盘作为保护机构。

（5）当被救车辆翻转过重心位置时，副绞盘提供拉力使其翻转，保证扶正过程平稳，主绞盘作为辅助保护机构，使被救车辆悬空轮平稳着地（图5-27）。

图5-27 两车协同扶正作业

（6）扶正时，两车的升降速度要保持相等，被救援车辆重量不得超过两车所允许的起重量总和的75%，每车分担的负荷不能超过所允许的最大起重量的80%。绑扎吊索时应注意载荷分配，禁止采用同一吊点。

四 牵拉作业

牵拉作业是指对于远离清障车本体或无法进行起吊和拖运作业的事故或故障车辆，用清障车上的牵引机构将事故车辆牵拉至清障车辆正常作业范围内的作业过程。其具体的操作过程可按照牵引类辅具操作。

牵拉作业的注意事项：

（1）在绞盘带有负载之前，要将绞盘离合器完全啮合。

（2）清障车在进行作业时必须保证自身稳定性，可将三角楔或专用垫块垫放在车轮后方，必要时可使用地桩增加清障车作业稳定性。

（3）使用安全链条或钢丝绳吊钩时，应将吊钩开口向上。

（4）当被拖车辆困于冰冻地面，且轮胎被冻结时，应先使其融化，再进行牵拉作业。

（5）当事故车陷入泥浆时，可借助动滑轮、附近固定物或桩式地锚等其他的锚点，通过多次牵拉作业进行施救。

（6）当牵拉作业所需拉力大于清障车轮胎地面附着力时，应放下支腿，否则会损坏清障车的底盘。

（7）拉出钢丝绳时，绞盘滚筒上的钢丝绳安全余量应满足设备技术文件的规定。收回钢丝绳时，应避免过收。

第四节 清障救援安全作业原则

为避免二次事故发生和防止设备损坏，清障救援人员应遵循以下安全作业原则：

（1）严格遵守法律法规，严禁酒后作业。工作期间，应着装规范，穿戴反光背心。

（2）在非紧急情况下，严禁在道路中央分隔带、活动护栏处掉头或穿行，严禁在高速公路逆行。

（3）抵达事故现场时，应按规定摆放好安全标志，设置清障救援安全作业区域，并根据救援作业规模大小及安全需要，安排专人在来车方向进行警戒、疏导，或请求交管部门实行作业现场交通管制。

（4）作业前，应对影响作业的货物或障碍物进行转运或清理，检查专用作业装置及作业附件运行状况，消除可能影响救援作业的安全隐患。

（5）作业时，应开启警示灯和危险报警闪光灯，并按照救援装备的相关技术参数及要求进行，不得过载及偏载；同时不得擅自到安全作业区域外活动，不得将任何清障救援设备放置于作业区域外，不得随意变更设置好的安全作业区域。

（6）在交通管制路段和安全作业区域外，拖运作业时不得逆行。

（7）清障救援结束后，应对现场可能影响道路交通安全的路面障碍物进行清理。

第六章
道路车辆清障救援服务操作规范

依据《道路车辆清障救援操作规范》（JT/T 891—2014），《道路交通事故现场安全防护规范 第2部分：普通公路》（GA/T 1044.2—2022），本章讲述事故形态类型分类、事故救援流程以及救援实施方案。在此基础上，阐述道路清障救援的准备工作、现场操作以及事后处置的内容与要求。

从道路车辆清障救援作业专业高效特点出发，清障救援人员应重点关注事故形态和道路环境。一是不同的事故形态对应于不同的救援方法；二是不同的道路环境匹配不同的清障救援装备，即清障救援装备应适应于区域差异化的道路环境。在前述清障救援装备的使用基础上，清障救援人员应掌握清障救援服务操作规范，熟悉清障救援服务单位在处理事故车辆前的准备工作、事后处置工作等。

第一节 交通事故表现形式及分类

对道路交通事故形态进行科学分类，有利于快速制订救援方案、选定具体清障救援人员和清障救援装备，便于专业高效地开展道路事故车辆的清障救援。

一 道路交通事故等级划分

按照伤亡人数和财产损失量，道路交通事故分为一般事故、较大事故、重大事故和特别重大事故四个等级。具体事故等级划分见表6-1。

二 道路交通事故形态分类

在《中华人民共和国道路交通事故统计年报》中，分别从事故主要原因、事故现场情况以及事故形态等不同角度对道路交通事故进行分类。在《道路交通事故信息采集项目表》（2006）中，将事故形态分为以下类别：11-正面相撞，12-侧面相撞，13-尾随相撞，21-对向刮擦，22-同向刮擦，23-刮撞行人，30-碾压，40-翻车，50-坠车，60-失火，70-撞固定物，80-撞静止车辆，90-撞动物，99-其他。从上述这些事故形态可以看出，对于事故形态的划分，主要是基于公安交管部门执法方面的需求，其划分比较细致，例如碰撞分为六类，但其并不能满足清障救援行业事前接待准备的事故信息采集需求。

事故等级划分　　　　　　表6-1

等级	说明
特别重大事故	造成30人以上死亡，或者100人以上重伤，或者1亿元以上直接经济损失的事故
重大事故	造成10人以上30人以下死亡，或者50人以上100人以下重伤，或者5000万元以上1亿元以下直接经济损失的事故
较大事故	造成3人以上10人以下死亡，或者10人以上50人以下重伤，或者1000万元以上5000万元以下直接经济损失的事故
一般事故	造成3人以下死亡，或者10人以下重伤，或者1000万元以下直接经济损失的事故

三 面向救援的事故形态分类

对于清障救援工作来言，所关注的是如何快速高效地进行事故车辆的清障处理，以便于及时恢复道路交通。因此，以《中华人民共和国道路交通事故统计年报》的事故形态分类为基础，辅以一线清障救援人员的从业经验，从事故应急处理的方式出发，将清障救援的事故形式分为碰撞、碾压、翻车、坠车、落水、烧毁、货物散落、抛锚等八类。

（1）抛锚。严格来说，抛锚并不属于道路交通事故，而是泛指道路车辆因发动机异常熄火等故障导致不能继续行驶，从而导致交通堵塞。图6-1为抛锚事故救援现场。

（2）碰撞。碰撞是指道路车辆与外界物体直接接触并发生撞击、产生撞击痕迹的现象。例如车辆之间、车辆与非机动车之间、车辆与行人之间,以及车辆与其他物体之间。根据碰撞时的运动情况,车辆之间的碰撞可分为正面碰撞、侧面碰撞、角度碰撞(斜碰撞)、转弯碰撞和追尾碰撞等。图6-2为2016年11月21日山西省京昆高速平阳段37车的连环相撞事故,事故造成4人死亡40人受伤。

图6-1 抛锚事故

图6-2 碰撞事故

(3)碾压。碾压是指大型车辆对小型车辆的推碾或压过。通常发生碾压事故之前均有碰撞事故现象。图6-3为大型客车追尾碾压小轿车事故救援现场。

(4)翻车。翻车是指车辆部分或全部车轮悬空、车身着地的现象,通常指车辆没有发生其他事态造成的翻车。翻车一般分为侧翻和滚翻两种。其中,车辆的一侧轮胎离开地面称为侧翻,所有的车轮都离开地面即四轮朝天称为滚翻或仰翻。图6-4为侧翻事故现场。

图6-3 碾压事故

图6-4 侧翻事故

(5)坠车。坠车通常指车辆跌落到公路路面或路基以下等地方。坠车事故常发生在立交桥或高架桥、山区道路等区域。图6-5为坠车事故的现场。

(6)落水。落水即事故车辆落入水中。落水事故常发生于堤坝、临水道路或桥梁等区域。如图6-6所示。

(7)烧毁。烧毁是指车辆在行驶过程中由于某种人为或技术上的原因而引起火灾,最终导致车辆因失火而报废。常见的原因有乘员使用明火,违章直流供电,发动机回火,电路系统短路、漏电等。图6-7为事故车辆烧毁现场。

(8)货物散落。营运车辆发生事故后,货物散落占据路面,将严重影响道路交通状况,极易造成交通阻塞。同时,货物占据路面,很容易导致其他过往车辆发生连锁反应,造成二次事故。图6-8为货车侧翻后货物散落。

图 6-5 坠车事故的救援现场

图 6-6 落水事故

图 6-7 烧毁事故

图 6-8 货物散落

第二节 清障救援服务操作规范

清障救援服务操作规范包括事前接待准备、现场操作规范、事后处置工作等。

一、事前接待准备

清障救援服务单位接到清障救援服务需求时，应迅速了解当事人联系电话、救援地点、事故形式、车辆类型、负载情况、货物类型、有无人员伤亡等相关信息，并将相关信息填入一式三联《清障救援服务需求信息记录单》（表 6-2）。

清障救援服务需求信息记录单　　表 6-2

接救日期：　　年　　月　　日　　　　　　服务单号：

服务单位			
受理人		受理部门	
救援地点			
客户姓名		联系电话	
车辆类型		车牌	
事故类型		负载情况	
货物类型		有无人员伤亡	
清障救援项目			

注：本记录单一式三份，一份交求助车主，一份清障救援服务单位留存，一份交管理部门存档。

其中，需清障救援的事故形式包括碰撞、碾压、翻车、坠车、落水、烧毁、货物散落、抛锚八类。事故车辆类型包括微型车辆、轻型车辆、中型车辆、重型车辆及特种车辆（运输特殊货物如大型设备的车辆，但不包括危险货物运输车辆）。根据不同车辆类型选择不同吨位和类型的清障救援装备。

了解信息完毕后，应综合所得信息，选定合适的清障救援人员、清障车辆和随车设备。清障救援人员与车辆出发后，应在相关部门协调下，选择合适的路线，安全快速地到达清障救援现场。清障救援过程中，应保证通信设备畅通。

二 现场操作规范

1 救援车辆停放

到达事故现场后，清障车应提前停放在同车道或路侧上游，并按照规定开启示警灯。在夜间或雨、雪、雾、霾等低能见度气象条件下，还应同时开启示廓灯、后位灯和照明设备。待现场安全防护布设完成后，其位置可以移动。若条件允许，可采用防撞缓冲车作为安全防护"掩体"，开启闪烁箭头灯和语音提示设施，起到警示和防撞作用。

此外，清障车车身与道路纵向呈20°~30°夹角，车头指向相对安全的区域；车辆前轮应偏转10°~20°，同样指向安全区域。这样斜向停车的主要目的是一旦被撞击，车辆不会沿直线向前冲入事故现场。

2 清障作业区设置

到达事故现场后，现场清障救援人员应首先观察现场情况，判断存在的主要危险源（来车、车辆运载的物品等），保持高度注意。按照"先上游后下游"的原则，迅速设置现场安全防护区域。事故现场已经造成通行缓慢或者交通拥堵时，可适当缩短预警区、警戒区的长度。事故处于弯道、坡道、桥梁、隧道等危险路段时，应在弯道起点、坡顶、隧道入口、桥梁起点处设置标志牌，并视情延长警戒区长度。

在等级公路上实施清障救援作业时，应使用反光标志牌及反光锥形筒隔离作业区域，白天距现场区域来车方向150m外连续设置，夜间或雨、雾天气距现场区域来车方向200m外连续设置；反光锥形筒的间隔不超过10m，锥形筒呈斜弧形排列；将救援警示标志置于来车方向的最远端。在城区道路上实施清障救援作业时应按相关规定设置隔离作业区。

作业过程中，清障救援人员应始终穿着带有反光条的工装，并安排1名以上清障救援人员面向来车方向观察路况，指挥疏导车辆。所有清障救援人员应当在现场安全防护区域内活动，保持警惕，注意自身安全。

3 事故车辆预处理

设置好安全工作区域后，清障救援人员应对事故车辆进行外观检查，将车辆已存在的破损状况以及救援过程中可能发生损害及时告知客户，并记录在救援工单中，防止纠纷产生。

救援前，清障救援人员应立即拆除事故车辆蓄电池线，切断电源；对于事故车辆有燃料或润滑油外溢的情况时，在清障作业前应采取相应措施进行清除处理；对于电动汽车应立即切断高压电源，避免清障救援过程中发生二次事故。如有人员被困于事故车辆中，清障救援人员应协助有关部门人员尽快解救被困人员。

对事故车辆进行固定，防止车辆的自行移动。在松软地面上工作时，应将地面垫平、压实，保障清障车自身安全稳定。雨雪霜冻等恶劣天气情况下，清障车应采取防滑措施。清障车在坡道上停放时，应采取防溜坡措施。

4 现场清障救援作业

道路交通事故救援不属于常规救援，事故形态往往难以预测的。在道路交通事故应急救援过程中，清障救援实施方案多由清障救援人员根据各自经验而定，对各种典型的事故形态缺乏针对性救援策略，导致救援效率低下。为此，本节针对碰撞、碾压、翻车、坠车、落水、烧毁、货物散落、抛锚等八类不同形态的事故车辆的处置，通过归纳前述四种清障救援工作的基本操作，并辅以操作流程及组合方式，制定如下清障救援实施方案（表6-3）。

（1）碰撞。发生碰撞事故的车辆，清障救援人员应快速将事故车辆拖离现场。拖运作业应按照本书第五章第三节拖运作业要求操作。

（2）碾压。发生碾压事故的车辆，清障救援人员应首先利用起吊装置将上方车辆起吊，然后利用清障车辆绞盘将被碾压车辆拖出。两车分离后，分别拖离事故现场。具体作业应按照本书第五章第三节起吊作业、第五章第三节拖运作业要求操作。

清障救援实施方案　　　　　　　表6-3

事故形态	描述	处置方法
碰撞	车辆与外界物体发生碰撞	拖运
碾压	大型车辆对小型车辆等的推碾或压过	起吊后拖运
翻车	车辆部分或全部车轮悬空、车身着地	扶正后拖运
坠车	车辆跌落到公路路面或路基以下等地方	起吊、扶正后拖运
落水	车辆落入水中	探明落水位置，起吊，扶正后拖运
烧毁	车辆焚烧损坏	拖运
货物散落	车厢所载货物脱离车体，分散零落分布	收集散落货物后将其远离现场
抛锚	因车辆自身故障导致无法行驶	现场抢修后驶离现场或拖运

（3）翻车。发生翻车事故的车辆，清障救援人员应首先对事故车辆进行扶正，然后拖离事故现场。具体作业应按照本书第五章第三节扶正作业、第五章第三节拖运作业要求操作。

（4）坠车。清障救援人员应首先将坠落的事故车辆起吊，然后扶正并拖离现场。如事故现场无法进行起吊作业，清障救援人员应首先利用清障车将事故车辆牵拉至路面，然后扶正、拖离现场。具体作业应按照本书第五章第三节牵拉作业、第五章第三节起吊作业、第五章第三节扶正操作、第五章第三节拖运作业要求操作。

（5）落水。清障救援人员应首先确定车辆淹没情况，若事故车辆部分淹没，应将事故车辆起吊或牵拉至路面，扶正后拖离现场。如事故车辆全部淹没，应先派遣人员入水或采用侦检类辅具（如声呐探测仪），探明事故车辆位置，确定作业区域，选择合适的固定位置。然后将事故车辆起吊或牵拉至路面，扶正后拖离现场。具体作业应按照本书第五章第三节牵拉作业、第五章第三节起吊作业、第五章第三节扶正作业、第五章第三节拖运作业要求操作。

（6）烧毁。清障救援人员应采用拖运方式，将事故车辆拖离现场。具体作业应按照本书第五章第三节起吊作业、第五章第三节拖运作业要求操作。

（7）货物散落。如果事故车辆散落货物为大型固件，清障救援人员应利用起吊机构或叉车,将散落货物吊装至转运车辆上,运离现场。如货物为固态颗粒,清障救援人员应将散落货物收集后装至转运车辆上,运离现场。然后根据事故车辆事故形态,视情按照本书第五章第三节相关程序实施清障救援操作。

(8)抛锚。对于发生抛锚的车辆,清障救援人员应将抛锚车辆拖离现场,拖运作业应按照本书第五章第三节拖运要求操作。

清障救援过程中遇到突发事件应及时向上级部门或调度指挥中心汇报,积极联络有关部门共同寻求解决办法,并同时采取积极有效的措施。清障救援现场严禁烟火。无关人员不得进入清障现场。

5 清障作业区撤除

现场清障救援作业并清理完毕后,应及时撤除现场安全防护区域。撤除顺序与设置顺序相反,按照"先下游后上游、先中间后外围"的原则,依次撤除反光锥形桶、反光标志牌等防护设施。按照这样的顺序,车道上游尚未撤除的设施依然可以起到保护作用。在撤除过程中,清障救援人员应密切观察来车方向。

三 事后处置工作

清障救援结束后,对现场可能影响道路交通安全的路面障碍物进行清理,同时朝着来车方向由远及近依次撤除安全标志、标牌,并向调度指挥中心报告恢复交通情况,与相关部门做好交接手续。清障救援人员检查相关设备的完好性,并将相关记录填入一式三联《清障救援服务作业信息反馈单》(表6-4)。

清障救援服务作业信息反馈单　　　　　　表6-4

日期:　　年　　月　　日　　　　　　　服务单号:

服务单位			
清障车号牌		清障救援人员	
配件准备			
出车时间		到达时间	
脱离现场时间		结束时间	
施救地点			
施救服务目的地			
拖车开始工作时公里表读数		拖车结束工作时公里表读数	
现场情况(事故形式,人员伤亡情况、被救车辆类型、负载情况、货物类型等)			
清障救援项目			
是否有二次事故(如果有,请填写具体损坏方式)			
客户意见			
客户或委托人签名		清障救援人员签名	

注:本记录单一式三份,一份交求助车主,一份清障救援服务单位留存,一份交管理部门存档。

四 复杂环境作业要求

在道路事故车辆清障救援过程中,清障救援人员在根据事故车辆的形态进行救援实施方案的制定时,往往会因为各类复杂作业环境(如隧道、桥梁、山区道路、邻近高压线、低能见度等）的限制而难以决策。为此，本节提出各类复杂环境下的安全作业要求，以保证其救援作业过程的安全、有效，避免二次事故发生。

1 隧道环境作业要求

隧道内车辆的事故形态主要有碰撞、翻车和烧毁。

汽车在隧道内发生翻车时，由于隧道高度的限制，对于事故车辆的扶正救援作业往往难以实施，为此清障救援人员应首先将事故车辆牵拉至隧道外，然后再扶正并拖离事故现场。具体作业应按照本书第五章第三节牵拉作业、第五章第三节扶正作业、第五章第三节拖运作业要求操作。

汽车在隧道内发生碰撞、烧毁时，清障救援人员应根据隧道作业宽度，视情将事故车辆牵拉至开阔区域，再拖离事故现场。具体作业应按照本书第五章第三节牵拉作业、第五章第三节拖运作业要求操作。

2 桥梁环境作业要求

桥梁路段车辆事故形态主要有翻车、坠车。

汽车在桥梁路段发生翻车时，清障救援人员应首先对事故车辆进行固定，以防在实施救援作业时事故车辆发生坠桥二次事故，然后根据桥梁桥面作业宽度，视情将事故车辆牵拉至开阔区域，再扶正并拖离事故现场。具体作业应按照本书第五章第三节牵拉作业、第五章第三节扶正作业、第五章第三节拖运作业要求操作。

汽车在桥梁路段发生坠车时，清障救援人员应将事故车辆起吊至便于作业的区域，然后再扶正并拖离事故现场；若事故现场无法起吊，需先将事故车辆牵拉至近处，再起吊、扶正并拖离事故现场。具体作业应按照本书第五章第三节起吊作业、第五章第三节牵拉作业、第五章第三节扶正作业、第五章第三节拖运作业要求操作。

3 山区环境作业要求

山区道路车辆的事故形态主要有翻车、坠车。

汽车在山区道路发生翻车时，清障救援人员应首先对事故车辆进行固定，然后根据山区道路路面作业宽度，视情将事故车辆牵拉至开阔区域，再扶正并拖离事故现场。具体作业应按照本书第五章第三节牵拉作业、第五章第三节扶正作业、第五章第三节拖运作业要求操作。

汽车在山区道路发生坠车时，清障救援人员应首先对事故车辆进行固定，然后将事故车辆牵拉至近处，再起吊、扶正并拖离事故现场。若坡、崖过长，可视具体情况另行处理。具体作业应按照本书第五章第三节牵拉作业、第五章第三节起吊作业、第五章第三节扶正作业、第五章第三节拖运作业要求操作。

4 邻近高压线作业要求

在高压输电线附近作业时，清障救援人员应使救援装备、事故车辆与高压输电线的最小距离满足表6-5的规定。

邻近高压线作业的最小安全距离　　　　表6-5

输电线电压 U（kV）	<1	1~35	≥60
最小距离（m）	1.5	3	$0.01(U-50)+3$

5 其他复杂环境作业要求

在大风等恶劣天气作业时，清障救援人员应注意保护好清障救援装备及自身的安全，整车行驶时风力等级不得大于6级，起吊作业时，风力等级不得大于5级。

在大雾或夜间等低能见度条件下作业时，清障救援人员应做好作业区域照明及对外警示工作。

第三节 客车侧翻事故救援示例

为更好地使清障救援人员掌握道路交通事故的完整清障救援流程，在前述知识的基础之上，本节以7.5m长的大型客车（总质量10t）在平坦道路上发生侧翻事故（事故伤亡人员已妥善处置）为例（图6-9），介绍道路清障救援作业方法。

图6-9 大型客车侧翻事故场景

一 救援前的接待准备

（1）清障救援服务单位通过其热线电话、互联网或合作伙伴获取救援请求后，受理人员应迅速了解当事人联系电话、事故地点、事故类型等相关信息，填写《清障救援服务需求信息记录单》（表6-2）。其中，事故类型的填写参考《清障救援实施方案》（表6-3）中对事故形态的分类，此处填写"翻车"。载客汽车分为大型客车、中型客车、小型客车及微型客车，此处填写大型客车，示例见表6-6。

清障救援服务需求信息记录单（示例）　　　　　　　表6-6

接救日期：××年×月×日　　　　　　　　　　　服务单号：ZLB-×××

服务单位	××××××汽车救援服务有限公司		
受理人	×××	受理部门	接待大厅
救援地点	北京市××区××路××桥附近		
客户姓名	黄××	联系电话	010-××××××××
车辆类型	大型客车	车牌	京N×××××
事故类型	翻车（侧翻）	负载情况	空载
货物类型	无	有无人员伤亡	已妥善处置
清障救援项目	客车扶正、拖运		

（2）获取救援请求信息后，按照客车的主要技术参数，受理人员综合考虑救援单位自身的救援装备及救援能力，选择合适的清障救援人员、清障车、随车设备。本次以某重型托吊分离型清障车为例，作为清障救援的主要装备，其基本技术参数见表6-7。

某重型托吊分离型清障救援车技术参数　　　　表6-7

项　目		单　位	技术要求
牵引机构	主绞盘数量	只	2
	底层最大拉力	kg	15000
	最小线速度	m/min	5
	副绞盘数量	只	2
	底层最大拉力	kg	10000
	最小线速度	m/min	5
托举机构	最大托举质量	kg	16000
	全伸出最大托举	kg	6500
	托臂最大长度	mm	3400
起重机构	最大起吊质量	kg	30000
	最小额定幅度	m	1
	基本臂起吊高度	m	≥5
	最长起升高度	m	≥11
	起吊质量 臂长6m	kg	≥20000
	起吊质量 臂长8m	kg	≥14000
	起吊质量 臂长10m	kg	≥11000
	起吊质量 臂长11m	kg	≥10000
	吊臂变幅角	°	60
	主臂长度	m	≥5.7
	回转角度	°	360° 连续
支腿机构	前后支腿跨距	m	7700
	前支腿横向跨距	m	6000
	后支腿横向跨距	m	4300

（3）受理人员将救援过程中可能涉及的收费项目及其收费标准告知客户，得到客户接受上述项目及标准的答复后，正式将信息转交调度指挥部门。

（4）清障救援人员得到调度部门的救援信息后，应在相关部门协调下，选择合适的路线，安全快速地到达清障救援现场。清障救援过程中，应保证通信设备畅通。

二　救援现场的准备工作

（1）清障救援人员及装备到达现场后，首先与客户互相确认身份。清障救援人员向客户展示能够证明人员资格的文件，并检视客户与车辆所有关系的证明文件。清障救援人员应将救援相关的权责文件、风险提示文件、收费标准提供给客户，获得客户对施救工作的许可并签字确认，双方采用合理的方式留证。

（2）清障救援人员在展开救援前，首先按照相关安全管理要求设置现场安全防护区域，并按照规定开启示警灯。实施清障作业时，距现场区域来车方向150 m外连续设置反光锥形筒，并将救援警示标志置于来车方向的最远端。

（3）安排一名清障救援人员在来车方向进行警戒、疏导。

三 事故车辆的预处理

（1）清障救援人员对事故客车进行外观检查，将车辆已存在的破损状况以及救援过程中可能发生损害告知客户，并记录在救援工单中，防止纠纷产生。

（2）清障救援人员拆除事故客车的蓄电池线，切断电源。对事故车辆清除外溢的润滑油，抽取油箱内剩余的燃料。

（3）固定事故客车，防止车辆自行移动。

四 救援现场的实际操作

根据事故客车的侧翻事故形态，结合前文所述的清障救援实施方案（表6-3），清障救援人员确定相应的施救步骤，即首先对事故车辆进行扶正，然后拖离事故现场。其具体操作过程如下：

1 安全检查及现场勘察

（1）检查起重机构、托举机构、支腿机构及本次救援所需作业附件的运行状况，消除可能影响救援作业的安全隐患。

（2）勘查现场，选择适合于该重型托吊分离型清障救援车的作业停车点，保证地面平整坚实，若遇松软地面可铺垫钢板进行防护，并对影响地面扶正作业、托举拖运作业的障碍物进行清理或避让。

2 地面扶正作业

（1）按照支腿机构操作，放下前后支腿，如遇地面不平，可用枕木进行塞垫。

（2）操作吊臂回转操纵手柄，将吊臂回转到事故客车的一侧；然后操作吊臂变幅操纵杆，升高吊臂至合适的高度；最后操作吊臂伸缩操纵杆，将吊臂伸出至事故客车的上方。在此过程中，要同时协同操作绞盘收放操纵杆，伸长吊臂绞盘钢丝绳，以配合吊臂的伸长，最终将钢丝绳伸长至事故客车旁。

（3）将吊索固定在事故客车的前后车轴处（图6-10），并将事故客车着地一侧的吊索，通过配合起重气垫、千斤顶等辅具，从贴地侧穿过事故客车车身至客车顶部一侧；然后将着地一侧的吊索连接清障车的主绞盘吊钩，悬空一侧的吊索连接清障车的副绞盘吊钩。

图6-10 事故客车吊索固定位置图

(4) 收紧主绞盘，以此为翻转动力，使事故客车以着地轮为轴缓慢翻转；同时协调配合收紧副绞盘，保持其钢丝绳张紧度，以便稳固车身，保证升起过程平稳。

(5) 当事故客车翻转过重心位置时，放开副绞盘，以提供阻力使事故客车缓慢落地；同时协调配合收紧主绞盘，保持其钢丝绳张紧度，以便稳固车身，保证下降过程平稳。

(6) 完成对事故客车的地面扶正作业，其扶正过程如图6-11所示。

图6-11 事故客车扶正作业图

3 托举拖运作业

(1) 事故客车扶正后，将清障车倒车至事故客车前3~5m位置停车，并保证清障车与事故客车在同一水平直线上。

(2) 接合清障车取力器，操作水平臂变幅操纵杆，将水平臂缓慢变幅至水平位置；然后操作托臂升降操纵杆，将托臂下降至距地面约20~50mm处。

(3) 脱开清障车取力器，再将清障车倒车至托臂摆臂处于事故客车前保险杠下方时停车；然后依据需要选择并安装合适的承载类辅具，本次救援选用托叉托举装置，其具体安装操作过程按照承载类辅具—托叉托举装置执行。

(4) 检查事故客车的承载类辅具固定连接是否正常，离地间隙是否正常，驻车制动器操纵杆是否松开，变速杆挡位是否置于空挡位置，车门、车窗是否关好或固定好，转向盘是否锁定，清障车与事故客车是否保持安全距离，底盘位置与摆臂位置是否合理。

(5) 以上各种情况确认安全无误后，用锁紧类辅具将事故客车的轮胎与承载类辅具进行连接固定，避免发生事故客车从承载类辅具上滑落的事故，本次救援选用安全链条对事故客车进行捆绑固定，其具体安装操作过程按照锁紧类辅具—安全链条执行。

(6) 操作托臂升降操纵杆，使托臂升高至适当的位置，然后操作水平臂伸缩操纵杆，缩回水平伸缩臂使两车保持安全距离，保证前后车在行驶转弯时不会相撞。

(7) 脱开清障车取力器，清障车即可托牵事故客车正常行驶，完成对事故客车的托举牵引作业，其托举牵引过程如图6-12所示。

(五) 清障救援事后处置工作

(1) 清障救援结束后，对现场可能影响道路交通安全的路面障碍物进行清理，同时朝着来车方向由远及近依次撤除安全标志、标牌，并向调度指挥中心报告恢复交通情况,与相关部门做好交接手续。

(2)清障救援人员检查相关设备的完好性,并将相关记录填入一式三联《清障救援服务作业信息反馈单》,本次救援信息填写见表6-8。

图6-12 事故客车托举拖运作业图

清障救援服务作业信息反馈单 表6-8

接救日期:××年 ×月 ×日　　　　　　　　　　　服务单号:ZLB-×××

服务单位	×××××汽车救援服务有限公司		
清障车辆车牌	京N×××××	救援人员	×××、×××
配件准备	吊索、起重气垫、托叉、安全链条		
出车时间	××:××	到达时间	××:××
脱离现场时间	××:××	结束时间	××:××
施救地点	北京市××区××路××桥附近		
施救服务目的地	北京市××区××路××号		
拖车开始工作时公里表读数	××××	拖车结束工作时公里表读数	××××
现场情况(事故形式、人员伤亡情况、被救车辆类型、负载情况、货物类型等)	翻车(侧翻)、事故伤亡人员已妥善处置、大型客车、空载、无货物		
清障救援项目	客车地面扶正、托举牵引		
是否有二次事故(如果有,请填写具体损坏方式)	无		
客户意见	××××		
客户或委托人签名	×××	清障救援人员签名	×××

注:本记录单一式三份,一份交求助车主,一份清障救援服务单位留存,一份交管理部门存档。

附录 道路车辆清障救援从业人员专业技能培训大纲

课程名称：道路车辆清障救援从业人员专业技能培训
总学时：30 学时
选用教材：《道路车辆清障救援装备安全使用指南》

一、课程性质和目的

本课程主要内容包括道路车辆清障救援行业概况、汽车基础理论知识、清障救援装备专业基础知识等从业人员通用的、应知应会的基础知识，以及道路车辆清障救援服务操作规范等。

本课程主要适用于清障救援人员业务技能提升的培训和教育，同时，也可为作为相关人员上岗培训使用，也可作为职业院校相关专业的教材，对于普及道路车辆清障救援岗位安全作业知识、提高岗位人员职业素养将起到积极作用。

二、教学基本要求

1. 全面掌握道路车辆清障救援行业在国民经济发展中的地位，发展历程，道路车辆清障救援的任务、特点及工作程序；

2. 掌握道路车辆清障救援作业对象（汽车）的分类、基本构造及主要车型技术参数，汽车行驶基本原理等知识；

3. 掌握道路车辆清障救援装备的分类与功能、基本构造、工作原理，专用作业装置和作业附件的结构形式和功能，清障车维护知识；

4. 掌握平板型清障车、托吊型清障车、皮卡式清障车、汽车起重机以及叉车等常用道路车辆清障救援装备的结构组成及工作原理；

5. 掌握专用作业装置与常用作业附件的操作规程、清障车拖运、起吊、扶正、牵引等基本操作规范，以及清障救援安全作业原则；

6. 掌握道路交通事故表现形式及分类，道路车辆清障救援服务操作规范，客车侧翻事故扶正救援方法。

三、各章节内容及学时分配

第一章　概　　述

教学目的与要求

本章的教学目的和要求是掌握道路车辆清障救援行业在国民经济中的地位、发展历程，道路车辆清障救援的任务、特点及工作程序。

本章学时为1.5学时。

教学内容

第一节　道路车辆清障救援行业在国民经济中的地位（0.5学时）
第二节　道路车辆清障救援行业的发展历程（0.5学时）
第三节　道路车辆清障救援的任务、特点及工作程序（0.5学时）

考核要求

（1）熟悉道路车辆清障救援行业在国民经济中的地位；
（2）掌握道路车辆清障救援行业的发展历程；
（3）掌握道路车辆清障救援的任务、特点及工作程序。

第二章　汽车基础理论知识

教学目的与要求

本章的教学目的和要求是掌握汽车的分类、构造、原理等。通过本章的学习，清障救援人员能够深入理解机动车相关基础知识，有利于提升从业人员的实际操作技能。

本章学时为3学时。

教学内容

第一节　汽车分类及号牌规定（0.5学时）
第二节　汽车总体构造及技术参数（2.0学时）
第三节　汽车行驶基本原理（0.5学时）

考核要求

（1）熟悉汽车分类及号牌规定；
（2）掌握汽车总体构造及技术参数；
（3）掌握汽车行驶基本原理。

第三章　道路车辆清障救援装备基础知识

教学目的与要求

本章的教学目的和要求是掌握清障车的发展历程、分类、总体构造、原理及维护等。掌握专用作业装置与作业附件的结构形式和功能。通过本章的学习，道路车辆清障救援从业人员能够深入理解清障车相关基础知识，有利于提升从业人员的专业技术能力。

本章学时为 8.5 学时。

教学内容

第一节　清障车概述（0.5 学时）
第二节　清障车分类及功能（1.0 学时）
第三节　清障车总体构造及技术参数（2.0 学时）
第四节　清障作业基本原理（0.5 学时）
第五节　专用作业装置（2.0 学时）
第六节　作业附件（1.0 学时）
第七节　清障车维护（1.5 学时）

考核要求

（1）熟悉清障车的发展历程；
（2）熟悉清障车分类及功能；
（3）掌握清障车总体构造及技术参数；
（4）掌握清障车作业基本原理；
（5）掌握清障车专用作业装置与作业附件的结构形式和功能；
（6）掌握清障车的维护。

第四章　常用道路车辆清障救援装备

教学目的与要求

本章的教学目的和要求是掌握平板型清障车、托吊型清障车、皮卡式清障车、汽车起重机以及叉车的分类、基本结构。通过本章的学习，清障救援人员能够掌握常用清障救援装备相关基础知识，有利于提升从业人员的专业技术能力。

本章学时为 5 学时。

教学内容

第一节　平板型清障车（2.0 学时）
第二节　托吊型清障车（2.0 学时）
第三节　皮卡式清障车（0.5 学时）
第四节　汽车起重机（0.2 学时）
第五节　叉车（0.3 学时）

考核要求

（1）掌握平板型清障车分类、结构、功能及工作原理；
（2）掌握托吊型清障车结构、功能及工作原理；
（3）熟悉皮卡式清障车结构、技术参数及工作原理；
（4）熟悉汽车起重机分类、结构及技术参数；
（5）熟悉叉车分类、结构、技术参数及工作原理。

第五章　道路车辆清障救援装备操作基础

教学目的与要求

本章的教学目的和要求是熟悉专用作业装置与常用作业附件的操作规程、清障车拖运、起吊、扶正、牵引等基本操作规范，以及清障救援安全作业原则。通过本章的学习，清障救援人员能够掌握清障救援装备常规操作，有利于提升从业人员的专业技术能力。

本章学时为 6.5 学时。

教学内容

第一节　专用作业装置操作（2.5 学时）

第二节　常用作业附件操作（2.0学时）
第三节　清障救援工作的基本操作（1.5学时）
第四节　清障救援安全作业原则（0.5学时）

考核要求

（1）掌握专用作业装置操作；
（2）掌握常用作业辅具操作；
（3）掌握清障救援工作的基本操作；
（4）熟悉清障救援安全作业原则。

第六章　道路车辆清障救援服务操作规范

教学目的与要求

本章的教学目的和要求是掌握道路交通事故表现形式及分类，道路车辆清障救援服务操作规范，客车侧翻事故扶正救援方法。通过本章的学习，道路车辆清障救援从业人员能够掌握清障救援服务操作规范，有利于提升从业人员的实战技术能力。

本章学时为5.5学时。

教学内容

第一节　交通事故表现形式及分类（0.5学时）
第二节　清障救援服务操作规范（2.5学时）
第三节　客车侧翻事故救援示例（2.5学时）

考核要求

（1）熟悉交通事故表现形式及分类；
（2）掌握清障救援服务操作规范；
（3）掌握客车侧翻事故救援方法。

参考文献

[1] 任春晓,黄李原,郎玉勤,等.道路车辆清障救援服务标准体系研究[J].交通节能与环保,2015(5):37-39.

[2] 李忠生.由"天价拖车费"想到的清障车定义[J].专用汽车,2016(3):73-75.

[3] 佟钢,赵闯,郭大鹏.清障车作业装置常见的结构形式和应用[J].北方交通,2008(12):78-79.

[4] 吕成绪,张为公,李旭.多功能清障救援车的研究与开发[J].机械设计,2015(2):87-90.

[5] 李忠生.浅析清障车专用底盘主参数的确定[J].商用汽车,2012(12):68-70.

[6] 李祥贵,代汝泉,王慧君.中型道路清障车总体设计与计算[J].专用汽车,2001(4):7-8,46.

[7] 李忠生.简析中美两国清障车标准中托举质量的计算公式[J].专用汽车,2007(11):36-38.

[8] 张筱梅.北方交通:致力打造国内最大清障车生产基地[J].专用汽车,2011(1):44-45.

[9] 郎玉勤,周晓峰,朱运东.皮卡式清障车总体设计及市场应用[J].交通节能与环保,2015(4):90-93.

[10] 郎玉勤,朱运东,周晓峰,等.重型清障车吊臂和托臂的优化设计及应力分析[J].交通节能与环保,2015(6):84-87.

[11] 屈军坡,王玉良,李杰.清障车托举装置结构分析[J].机械工程师,2013(7):187-188.

[12] 邓伟.清障车作业辅具介绍[J].专用汽车,1999(4):38-41.

[13] 李旭,蔡凤田,宋翔,等.我国道路交通事故应急救援现状分析与对策初探[J].公路交通科技(应用技术版),2012(10):182-184.

[14] 宋翔,张为公,周炜,等.面向应急救援的营运车辆事故形态分类与处置技术研究[J].公路交通科技(应用技术版),2012(2):206-208.

[15] 吴跃玲.清障车行业标准简介[J].专用汽车,2001(1):31-33.

[16] 周玲.车联网在上海道路车辆清障救援服务行业的应用前景探讨[J].交通节能与环保,2016(6):18-21.

[17] 陈家瑞.汽车构造[M].3版.北京:机械工业出版社,2009.

[18] 李忠生.一种新型清障"泥头车"的半挂式清障车[J].专用汽车,2011(12):73-76.

[19] 李忠生.清障车的技术现状及发展趋势[J].专用汽车,2003(6):10-11.

[20] 张国胜,邱和平,唐歌腾,等.道路交通事故清障救援装备专用作业装置测试与评

价［J］. 交通节能与环保,2017（1）:50-54.

［21］《中国汽车工业年鉴》期刊社. 中国汽车车型手册（2012年版）［M］. 邯郸：中国工业出版社，2012.

［22］杨彬,梅涛. 我国应急救援装备发展趋势［J］. 劳动保护,2014（12）:22-24.